John Mainwaring
LEBEN UND MUSIK
DES GEORG FRIEDRICH HÄNDEL

John Mainwaring

LEBEN UND MUSIK DES GEORG FRIEDRICH HÄNDEL

Übertragen von
Johann Mattheson

Song Bücherei

Erste Auflage 2010
Für diese Ausgabe
Copyright © Heupferd Musik Verlag GmbH, Dreieich
Alle Rechte vorbehalten / all rights reserved
Die Song Bücherei wird herausgegeben von
Christian Winkelmann
und erscheint im Heupferd Musik Verlag
www.heupferd-musik.de
Umschlag, Bilder, Satz & Layout: Y & M
Printed in Germany
ISBN 978-3-923445-08-0

Das Inhaltsverzeichnis

Illustration
Der junge Händel
Seite 6

Das Vorwort
Seite 7

Das Leben
Seite 11

Die Musik
Seite 65

Illustration
Der reife Händel
Seite 66

Illustration
Der späte Händel
Seite 85

Die Mitwirkenden
Seite 86

Das Zeitgeschehen
Seite 98

Die Autoren
Seite 114

Das Editorial
Seite 116

Das Vorwort

Hier wird keine neue Zeitung übersetzt, die sich heute lesen und morgen wegwerfen lässt. Es soll ein Werk der Ewigkeit sein, so wie es denn auch beschaffen sein mag, nicht sowohl der Person, als der Sache halber.

Der bekannte Hauslehrer will berühmte Leute loben. Leute hin, Leute her! War nicht Jedidja auch einer von den berühmten Leuten? Wir preisen ihre löblichen Verrichtungen viel mehr als ihre Personen. Taten müssen es sein, die Rum erfordern: denn von dem ersten Weltherrn an bis auf den jetzigen Makedonier ist noch kein einziges angenehmes Gesicht ohne salomonische Schönpflästerlein erfunden worden.

Wer das Werk lobt, der lobt auch den Meister: ja, das Werk selbst lobt oder tadelt ihn, ohne sein Zutun. Aus ihren Früchten sollt ihr sie erkennen. Personen können sich verstellen, Werke nicht. Daher begeht derjenige eine zweifache Sünde, der einen weltkundigen, verdienstvollen Mann tadelt: weil er zugleich dessen Künste und angewandte Wissenschaften mit tadelt. Sie sind eigentlich unzertrennlich.

Jemandes Leben zu beschreiben ist nicht genug, den Menschen nur als einen Künstler vorzustellen, es muss vielmehr auch der Künstler als ein Mensch betrachtet werden, denn in solcher Eigenschaft sind die rechten Werke zu finden.

Wir alle aber können und wissen doch nicht alles. Und nur musikalisch zu reden, tut es zum Einen. Einer dem Anderen etwa auf dem Pedal, der Andere wiederum dem Ersten auf dem Flügel zuvor. Ein Unterschied, der teils grob, teils fein heißen mag: das Erste für Kennen, das Letzte für jedermann.

Ein Trupp Künstler – ja, wenns nur Truppen gäbe – ist ein Bund allerhand Schlüssel. Keiner von diesen ist vor andern lobenswert, also nur sofern derselbe ein beträchtliches Schloss öffnet, das etwas Schätzbares einschließt. Einer kann bei seinem Spielen auch Singen, der Andere tut den Mund dazu nicht auf, auch nicht einmal zum Lachen. Jener stellt bei seiner Setzkunst, bei seinem Singen, Spielen und Tanzen eine Hauptperson auf der Schaubühne vor, dieser hat bei einer Menge Partituren sich wohl gehütet, das Theater zu betreten. Er würde auch possierlich genug ausgesehen haben. Hier arbeitet einer, nebst diesen und verschiedenen anderen Wissenschaften, auf erhabene Art, auch zugleich für

Könige und Fürsten, dort braucht einer seine Gaben vornehmlich zum Dienst und Wohlgefallen der Untertanen.

Hieraus folgt, daß ein jeder nach seiner Art zwar Ruhm und Preis verdient, aber nicht eigentlich wegen seiner Person sondern wegen seiner Verrichtungen. Man kann zwar auch einen Menschen loben, ohne seiner Werte zu gedenken. Zum Einen daß er ein mächtiger Prinz und kein Tyrann, daß er schön sei, ohne sich damit zu brüsten, daß er reich sei und vom Geiz nichts wisse. Wenn wir aber eine Tugend geraden Weges rühmen, so kann es unmöglich fehlen, ihr Besitzer muss notwendig darunter begriffen sein. Wer, aus Kraft des Glaubens, seines Sohnes nicht schonet, wenn einer tausend, der Andere zehntausend schlägt, wenn Klugheit allein auch einen Bucephalus regieren kann, wenn jemand seines größten Feindes Tod beweinet: denke ich gleich an oder auf Abraham, auf Saul, auf David, auf Alexander und auf Cäsar.

Sehen wir hierbei nun die panegrynischen Nachrichten unseres Originals an, so laufen dieselbe so bunt, teils erhaben, teils erniedrigt, untereinander, dass man die eigentlichen Quellen, woraus dieses oder jenes geschöpft worden, da sie weder richtig noch rein sind, unmöglich entdecken kann, es betreffe Mann oder Macht, Ziel oder Zeit. Indessen bleibt doch der Verfasser immer sehr treuherzig bei dem Lobe der Person, es koste auch deren Verteidigung, was sie wolle: und er tut am Besten daran. Etwas zu viel, in diesem Falle, ist ihm allzeit ratsamer, als zu wenig. Und wenn der gleich bisweilen eine ihm verhasste Wahrheit zu sagen nicht umhin kann, weiß er sie doch so artig zu bemänteln, dass wir des Unanständigen kaum halb gewahr werden. Nichts fehlt hier so sehr, als nur die große Kleinigkeit: Soli Deo! von, in und auf welchem jedoch alles entsteht, stehet und bestehet. Viele schreiben dagegen alles ihren eigenen Künsten oder seiner erdichteten Begeisterung und Eingebung, ja, gar einer Erleuchtung zu.

Ausdrückliche theologische Sachen ausgenommen, die ihr Oportet an der Stirne führen, sind doch die meisten Schriften heutigen Tages nach dem Muster des Buches Esther gemacht: darin viel Judenzes, Gottes Name aber gar nicht befindlich ist. Wäre solches auch gleich mit der überhand nehmenden Galanterie zu entschuldigen, so sollte man doch in Lebensbeschreibungen allemal der Sache mehr und vorzüglich ihr Recht tun, als der Person. Oh Mensch! Was hast du, das du nicht empfangen hättest. Denn wenn einer auch aller Welt Opern, Oratorien, Serenaden etc. zum Dienste des höchsten Adels machte, ist doch damit der Dienst des Allerhöchsten noch lange nicht versehen, wie es sich gebühret. Was auch etwa in Kirchen und Privatkapellen oder Konzerten, bei einem feierlichen Friedensschluss, bei einer Krönung, bei einer majestätischen Beerdigung, mit geheiligten Texten, vorkommt, geschieht nur gelegentlich und leider meistens in ganz anderen als erbaulichen Absichten: einerseits zur Pracht, zum Staat, zu weltlichen und politischen Ehren, andererseits aber zum handgreiflichen Gewinn und eitlen Ruhm. Ist es erlaubt, Luther anzuführen, der wahrhaftig kein Scheinheiliger war, so besteht seine und meine herzliche Meinung kürzlich in folgendem Wunsche: Ich wollte, sagte er, alle Künste, sonderlich die Musik, gerne sehen im Dienste desjenigen, der sie gegeben und geschaffen hat. Da sind die triftigsten Beweggründe, warum bei solchen, ja bei fast allen Vorfällen in dieser Welt, vielmehr auf das Tun und dessen innerlichen Zweck als auf den Täter gesehen werden muss.

Dass übrigens unser rednerische Fuhrmann aus London, der vielleicht von poetischer Art und zum Geschichtsschreiber desto weniger ausgelegt ist, sehr oft aus dem Gleise fährt, gesteht er zwar hin und wieder selber. Man würde ihm auch zugute halten, wenn er nicht Hals über Kopf die vorherigen Spuren wieder suchte und keine solche Dinge verbrächte, die gar nicht zur Sache gehören, wenn er nicht auf große und kleine, unter der Hand, stichelte, ja selbst öffentlich keiner Lilienkrone schonete. In biographischen, chronologischen, geographischen, genealogischen und politischen Dingen gibt es bei ihm Fehler genug. Absonderlich stehen solche merkliche Übersichten im Artikel von Hamburg, dass sich ein bescheidener Dolmetscher, ohne eigenen Nachteil, unmöglich enthalten kann, etwas dagegen zu erinnern. Wenn auch andere Geschichtsschreiber ihren Vortrag durch gezwungene Kürze verdunkeln, so tut es dieser durch Weitläufigkeit hochtrabenden Worte und schwülstige Redensarten, die den Leser und Übersetzer von Herzen ermüden. Alles jedoch ohne Not und ohne Erfordern am unrechten Ort. Der sogenannte grammatische Hund schreibt wegen des historischen Stils ganz andere und trefflichen Regeln vor, die allerdings gelten müssen und auch ohne Ansehen seiner übrigen Persönlichkeit lobenswert sind.

Unsere Sorgfalt ist, schon über ein halbes Jahrhundert, aller anderen wichtiger vermeinten Beschäftigungen ungeachtet, auf die höchstbenötigte Beförderung, rechtschaffene Aufnahme und Verehrung der Tonkunst beständig und ernstlich gerichtet gewesen. Das heißt auch noch immerhin unser geliebter Zweck. Sonst wären wir mit gegenwärtiger Arbeit aus mehr als einer Ursache gern verschont geblieben. Es ist aber bei diesem Vorsatz bisweilen woanders nötig gewesen, den Stümpern scharf einzureden, damit ihre Menge nicht alles verderbe, was wenige Virtuosen noch gut machen. Man wird ihnen vielleicht bald ein paar starke Nüsse aufzubeißen, doch nur ein für allemal recht tüchtig vorlegen ohne ihre unwerten Namen zu nennen, damit sie sich in ihren Finsternissen nicht klug dünken lassen noch Vorteil oder falsche Ehre darin suchen, als würden sie etwa für streitbare Helden und Mitbuhler der Federfechter gehalten. Hingegen haben wir auch dasjenige Lob, dadurch man nicht bloß der Personen Eigenschaften und besondere Verdienste sondern hauptsächlich die Vortrefflichkeit und den Nutzen einer tugendhaften, zum löblichen Ende angewandten Sache mit geziemenden Ruhm erhebet, so wenig vergessen, dass demjenigen, der ihn in der Tat ohne Schmeichelei mit Bestand der Wahrheit zur Belohnung edler Verrichtungen, ohne sich groß zu halten, wirklich verdienet, derselbe Ruhm herzlich gern erteilet und nie wieder versagt worden ist noch jemals versaget werden soll, kann und mag.

Ist denn etwa ein Lob, dem denket nach! Zieht das Werk und dessen aufrichtige Absicht der Person allemal vor. Dahin zielen obige Worte, und das ist unsere neu scheinende, aber ziemlich alte, richtige Meinung, die wir übrigens gar nicht von denen sind, welchen den Heiligen die Füße abbeißen. Vor allem aber schämet euch des unmittelbaren göttlichen Lobes nicht, erhebt es über den Eigennutz und über alle Gewinnsucht, damit euch auch in Ewigkeit Lob widerfahre, denn eure Werke folgen euch nach, der Höchste merket auf alle eure, im Glauben vollbrachte Werke und seht – wie die Schrift sieben mal sagt – keine Person an, die nur Staub und Asche ist, eben wie

Der Übersetzer.

Das Leben

Georg Friedrich Händel ist am 23. Februar 1685 zu Halle an der Saale in zweiter Ehe seines Vaters Georg geboren, welcher daselbst ein wohlangesehener Wundarzt und zu der Zeit schon über 60 Jahre alt war. *(Der Verfasser nennt Halle eine Stadt in Obersachsen zu Unrecht, denn sie liegt im Herzogtum Magdeburg, welches zu Niedersachsen gehört. Folglich ist Händel kein Ober- sonder vielmehr ein Niedersachse gewesen. Der Übersetzer).* Derselbe hatte auch eine Tochter von seiner letzten Frau, zu welcher unser Händel allemal eine besondere Gewogenheit trug, und seiner Nichte, als ihrer Tochter, die noch im Leben ist, den grössten Teil seines beträchtlichen Vermögens hinterlassen hat.

Er hatte noch das siebente Jahr nicht erreicht, als er sich mit seinem Vater an den weißenfelsischen Hof begab. Das heftige Verlangen, seinen Halbbruder allda zu besuchen, der ihn an Alter viel übertraf und des Herzogs Kammerdiener war, trieb ihn dazu an. Der Vater hätte ihn lieber zu Hause gelassen und fuhr hinweg, ohne ihn mitzunehmen, weil sich seine Gegenwart dabei nicht schicken würde, da der Arzt nur in Verrichtungen seines Berufs zum Fürsten gefordert worden. Der Knabe fand, dass sein Bitten und Flehen umsonst war, nahm daher seine Zuflucht zu dem einzigen ihm verbliebenen Mittel und beobachtete die Zeit, da sein Vater abfuhr, verbarg sein Vorhaben und folgte dem Wagen zu Fuße nach. Vermutlich hielten die schlechten Wege oder ein anderer Zufall das Fuhrwerk etwas auf, so dass es der Sohn noch einholte, ehe es weit entfernt war. Den Vater befremdete diese Kühnheit und er schien über solchen Eigensinn so missvergnügt, dass er kaum wußte, was er hierbei tun sollte. Er fragte also: wie habt ihr euch dieses unterfangen dürfen, nachdem es euch so ernstlich untersagt worden? Statt der Antwort aber erneuerte der Knabe sein dringendes Ansuchen und brauchte dazu solche bewegende Reden, dass er endlich aufgenommen und nach Hofe gebracht ward, allwo er ein unsägliches Vergnügen spüren ließ, seinen besagten Bruder, den er noch niemals gesehen hatte, in Gesundheit anzutreffen.

Dieses war aber nicht das erste Exempel, mit welchem es dem Vater misslungen, den Neigungen seines Sohnes gehörigen Einhalt zu gebieten. Es erfordert eine weitere Erklärung, ehe wir berichten können, was hernach am weißenfelsischen Hof vorgefallen ist.

Von Kindesbeinen an hat dieser Händel eine solche ungemeine Lust zur Musik gezeigt, dass sein Vater, der ihn sonst zum Juristen bestimmt hatte, darüber in Unruhe geriet. Als er aber nun merkte, dass dieser Trieb sich je länger je mehr äußerte, wurden alle Mittel ergriffen, demselben zu widerstehen. Fürs Erste verbot er ihm nachdrücklich, sich mit keinerlei Art musikalischer Instrumente abzugeben. Ja, es durfte nichts dergleichen ins Haus kommen und ihm ward auch nicht einmal zugestanden, irgendwo hinzugehen, da er so was antreffen konnte. Dem ungeachtet vermehrten all diese Fürsorge und Mühe nur des Knaben Liebe zur Tonkunst, anstatt solche zu dämpfen.

Er hatte nämlich Mittel gefunden, ein kleines Klavicordium ganz heimlich ins Haus zu bringen und unter dem Dache hinzustellen. Sobald sich nun jedermann zur Ruhe begeben, schlich er hinauf zu seinem Spielwerk, denn er hatte schon vorher, ehe es ihm verboten worden war, etwas Weniges in der Musik erlernet und brachte es hernach durch seine nächtlichen Übungen zu einer Fertigkeit, die zwar damals in keine sonderliche Beobachtung kam, doch aber ein gewisser Vorbote seiner künftigen Geschicklichkeit war.

Und hier besorge ich eben nicht, meinem Leser zu missfallen, wenn ich ihn dergleichen wunderbarer Beschaffenheit erinnere, die sich – in ziemlicher Ähnlichkeit – zwischen Pascals und Händels jugendlichen Jahren befindet, so wie die Schwester des Erstgenannten solche an ihrem Bruder beschrieben hat. (*Dem Tycho Brahe und dem Übersetzer ist es, jedem nach seiner Art, fast ebenso ergangen. Der Übersetzer*). Dem Triebe des einen zur Messkunst und des anderen zur Musik war nichts zu vergleichen. Als Kinder taten sie es schon den Alten zuvor. Sie setzten ihren Fleiß nicht nur ohne Beistand sondern auch mit äußerstem Widerwillen ihrer Eltern getrost fort und boten aller nur erdenklichen Gegenwehr Trotz.

Wir haben unsern kleinen Reisemann mit seinem Vater soeben am Hofe des Herzogs von Weißenfels verlassen, daselbst war es aber nicht so leicht, ihn vom Klavier zu enthalten, als in Halle, indem der Arzt wohl etwas anderes zu tun hatte, als dass er seinen Sohn, wie zu Hause geschehen, immer vor Augen haben sollte. Doch entdeckte er auch dort seinen guten Freunden, welchergestalt der Knabe so gar sehr auf die Tonkunst erpicht sei, dass man ihn bisher mit der größten Sorgfalt davon abzukehren nicht vermögend gewesen. Man könne, sagte er, leicht vorhersehen, wenn seine Neigung nicht bald unterdrückt würde, dass ihm dieselbe allen Fortgang in derjenigen Wissenschaft abschneiden müsste, dazu er bestimmt sei und dass eben dadurch der ganze Plan seiner Erziehung ins Stocken geraten werde. Jedermann gab dieses zwar zu, im Fall man notwendig auf dem Vorsatz beharre, den Knaben zur Rechtsgelehrsamkeit anzuführen. Allein viele zweifelten daran, dass es der Klugheit gemäß sei. Man führte an, wo sich die Natur so stark erklärte, da würde der Widerstand nicht nur fruchtlos sondern mit Schaden ablaufen. Einige hielten dafür, dass die Sache, allen Umständen nach, schon zu weit gekommen und nicht mehr zu helfen sei. Man müsste ihm denn, um seinem Spielen ein Ende zu machen, die Finger gar abschneiden. Andere wandten dagegen ein, dass es Schade wäre, wenn man ihm das Geringste in den Weg legte. So lauteten die Meinungen der guten Freunde des Vaters, wegen seines Sohnes. Es scheint aber nicht, dass dieselben etwas Sonderliches bewirkt hätten, denn ein bloßer Zufall tat viel mehr und hub ihr ganzes Gewicht und Ansehen auf einmal auf.

Es begab sich, da der kleine Händel, nach geendigtem Gottesdienste, sich zum Ausgang auf der Orgel hören ließ, während der Herzog in der Kirche zugegen war. Die Art zu spielen erweckte seine Aufmerksamkeit dergestalt, dass er, bei der Wiederkehr aus der Kapelle, seinen Kammerdiener fragte, wer es gewesen, der sich auf der Orgel so wohl gehalten hätte. Und erhielt zur Antwort, sein Bruder habe solches getan. Hierauf ließ ihn der Herzog rufen. Er erschien. Und nachdem Ihro Durchlaucht sich bei ihm nach allem erkundigt, was ein Herr, der Verstand und Geschmack besitzt, natürlicher Weise erfordern kann, sagten sie zum Vater: es müsse zwar ein jeder am besten wissen, wozu er seine Kinder anführen wolle. Allein, meines Erachtens, fuhr der Herr fort, wäre es eine Sünde wider das gemeine Beste und die Nachkommen, wenn man die Welt eines solchen anwachsenden Geistes gleich in der Jugend beraubte.

Dieser Vorstellung ungeachtet blieb der Alte dennoch, im Artikel der Rechtsgelehrsamkeit, bei seinem gefassten Vorurteil. Und obgleich er überzeugt war, dass es fast notwendig sei, dem Sohn nachzugeben, auch dazu seine Schuldigkeit erforderte, dem Rat und Ansinnen des Herzogs Folge zu leisten, geschah es doch nicht ohne größten Widerwillen, dass er seinen Entschluss änderte. Die Erwägung des Fürsten, indem derselbe dem Sohn die Gnade der Beachtung erwiese und seine Durchlaucht eigene Meinung von besserer Erziehungsart, hielten den guten Arzt doch nicht ab, dem Herzog vorzustellen, dass, obgleich die Musik eine artige Kunst und ein hübscher Zeitvertrieb sei, dieselbe dennoch, wenn sie als eines Menschen Hauptwerk betrachtet würde, deswegen nur geringerer

Würde wäre, weil sie allein zu nichts anderes als zur Belustigung und Ergötzung diene und was immer auch der Sohn für einen hohen Grad in solcher Kunst erlangen möge, sei doch, nach seinen Gedanken, auch ein geringerer Grad in vielen anderen Wissenschaften jenem billig vorzuziehen.

Der Herzog konnte der Meinung seines Arztes, die er so handwerksmäßig von der Musik hegte, desto weniger beipflichten, je mehr dieselbe verkleinerlicht und niederträchtig ausfiel, in Erwägung, dass ein jeder vortrefflicher Mann, sei er in diesem oder jenem Stande, allemal großer Ehren wert ist. Und was den Nutzen oder Gewinn beträfe, sagte der Herzog, so würde derselbe viel leichter erhalten werden, wenn man der Natur und Vorsehung folgte, die bereits dazu die Bahne brächen, als wenn man einen zwänge, andere Wege zu erwählen, zu welchen er keine Neigung sondern vielmehr großen Abscheu davor trüge. Endlich schloss der Prinz, dass er weit davon entfernt sei, das musikalische Studium, mit Ausschließung des bürgerlichen Rechts und der Sprachen, jemand anzupreisen, im Fall es möglich sei, dieselbe miteinander glücklich zu verbinden. Was er wünsche ziele nur dahin, dass den Kindern nicht zu nahe geschehe, keine Gewalt gegen dieselben gebraucht und absonderlich gegenwärtigem Knaben die Freiheit gelassen würde, dem natürlichen Hang seines Geistes zu folgen. Es treibe ihn auch derselbe zu welchem guten Zwecke er immer wolle.

Die Augen des Sohnes waren bei dieser Unterredung stets auf seinen mächtigen Fürsprecher gerichtet und seine Ohren waren nicht minder aufgetan und gefüllt in Erwartung des Eindrucks, welchen des Prinzen Worte im Gemüte seines Vaters hervorbringen würden. Der Ausgang war endlich dieser, dass nicht nur die Musik geduldet sondern auch sein Lehrer derselben gebraucht werden sollte, der, bei des Knaben Rückkehr nach Halle, dem selber hierunter allen Beistand und gute Anweisung leistete. Dazu denn auch, bei der Abreise, der Herzog dem Sohn die Taschen mit Geld füllte und in aller Freundlichkeit zu ihm sagte, wenn er fleißig sein würde, sollte es an Aufmunterung nicht fehlen.

Die große Höflichkeit, so ihm in Weißenfels erwiesen worden, der glückliche Ausgang, welchen oben erwähnte Unterredung gewonnen, in Sonderheit aber die gnädige und freigiebige Beurlaubung, welche der Knabe von Seiner Durchlaucht erhalten, lagen ihm so oft im Sinn, dass sie seinen angeborenen Eifer sehr anreizten und den eingepflanzten natürlichen Ehrgeiz, welchen er schon so frühzeitig blicken ließ, je länger je mehr erhitzten.

Das erste demnach, das der Vater bei seiner Heimkunft vornahm, bestand darin, dass er dem Zachau, einem hallischen Organisten an der hallischen Domkirche, seinen Sohn übergab. (*Friedrich Wilhelm Zachau, ein Leipziger von Geburt und trefflicher Organist in Halle, starb daselbst 1712. Der Übersetzer*). Der Mann war sehr stark in seiner Kunst und besaß eben so viel Geschicklichkeit als guten Willen, einem Untergebenen großer Hoffnung alles Recht widerfahren zu lassen. Händel stand ihm wohl gut an, dass er ihm nimmer Liebes und Gutes genug erweisen zu können vermeinte. Seine Bemühung ging gleich Anfangs dahin, ihm die Grundsätze der Harmonie beizubringen. Zunächst wandte er seine Gedanken auf die Erfindungskunst, solche in besseren Stand zu setzen und seinem Schützling einen auserlesenen Geschmack beizubringen. Zachau besaß eine ansehnliche Sammlung italienischer und deutscher Musikalien. Er zeigte dem Händel die mannigfaltigen Schreib- und Setzarten verschiedener Völker nebst eines jeden besonderen Verfassers Vorzüge und Mängel. Und damit er auch eben sowohl in der Ausübung als in der Beschaulichkeit zunehmen möge, schrieb er ihm gewisse Aufgaben vor, solche auszuarbeiten, ließ ihn oft rare Sachen abschreiben, damit er ihresgleichen nicht nur spielen sondern auch setzen lernte. Solchem nach fand unser Lehrling mehr Arbeit und größere Erfahrung, als sonst gemeinhin ein anderer bei seiner Jugend zu haben pflegt.

Zachau wußte sich nicht wenig mit diesem Untergebenen, der schon anfing die Aufmerksamkeit der Liebhaber um Halle herum auf sich zu ziehen, da sie mehrteils seinetwegen hinkamen. Der gute Organist war auch froh, einen solchen Gehilfen zu haben, dessen ungemeine Gaben ihn fähig machten, des Meisters Stelle zu vertreten, wenn derselbe etwa abwesend ein würde. Denn das begab sich sehr oft, weil dieser eine gute Gesellschaft und ein volles Glas liebte. (*Hätte denn nicht Händels Leben gut genug beschrieben werden können, ohne diesen braven Tonkünstler Zachau, 40 Jahre nach seinem Tode wegen eines Glases Weins zu beschimpfen? Der Übersetzer*). Es klingt wohl etwas seltsam, von einem siebenjährigen Substituten zu reden. Denn älter konnte er nicht sein, wo er es noch in der Tat gewesen zur Zeit, da er seinem Lehrherrn anvertraut worden. (*Das sich der Verfasser dieser Geschichtserzählung nicht das geringste Gewissen gemacht habe, die handgreiflichsten Anachronismen zu begehen um seinen Helden allzeit je länger je jünger zu machen, wird sich aus der Folge beweislich erhellen. Der Übersetzer*). Allein, es wird noch seltsamer lauten, dass er im neunten Jahre schon angefangen, Kirchenstücke mit Stimmen und Instrumenten zu setzen und hernach wöchentlich damit vier Jahre hindurch fortzufahren. Doch dürfen wir auch nicht vergessen, dass er schon vorher zu Hause ein und anderes gefasst, ehe sein Vater sich darüber entrüstet und ihm den Gebrauch musikalischer Werkzeuge untersagt hatte. Ferner, dass er sich bei gestohlenen Stunden auf dem Klavier weiter fortgeholfen, auch den kurzen Aufenthalt zu Weißenfels sehr wohl genutzt, woselbst er verschiedene Instrumente und mehr Bewunderer gefunden.

Wir haben bereits einige Gleichförmigkeit in seinen und Pascals Umständen oder Gemütsneigungen oben erwähnt. Hier aber mögen wir noch mit Recht hinzufügen, dass der Letztgenannte schon in seinen zwölften Jahre ein Buch von den Klängen und ihrer Ausdehnung, im sechzehnten hingegen ein anderes von den Kegelschnitten verfertigt habe. (*Ich möchte auch wohl dabei erinnern, dass er hernach die Mathematik gar an den Nagel gehängt hatte. Der Übersetzer*).

Aus den wenigen bisher erzählten Vorfällen ist inzwischen leicht anzunehmen, dass Händel sich, nachdem er einen Organisten zum Lehrer gehabt, nicht viel um das bürgerliche Recht bekümmert haben könne. Sein Sinn stand ihm nunmehr dermaßen nach der Musik, dass sie über alles Oberhand behielt und dem fürstlichen Anraten pünktlich Folge leistete. Niemand bemühte sich mehr, eine Änderung oder vermeinte Besserung darin zu treffen. Die Folge so gewonnener gänzlichen Freiheit ließ sich bald dadurch merken, dass der Schüler den Meister schon übertraf, wie denn dieser selbst nicht in Abrede war, dass es jener ihm völlig zuvortäte. Also war Halle nun kein Ort mehr für einen Jüngling, der sich so löblich bestrebte. Drei oder vier Jahre hindurch hatte er alles getan, was sich bei dortiger Gelegenheit tun ließ, nun aber trieb ihn die Ungeduld an, einen anderen und besseren Aufenthalt zu suchen, welcher sich ihm auch endlich darbot. Nach einiger Überlegung ward ihm Berlin erkoren. An dem dortigen Hofe hatte er einen Freund und Verwandten, auf dessen Sorgfalt und Gewogenheit seine Eltern sich verlassen konnten.

Im Jahre 1698 ging er also nach Berlin. Die Opern befanden sich daselbst in einem blühenden Zustand, unter selbsteigener Aufsicht des Königs von Preußen (*Anno 1698 gab es noch keinen Preußischen König, der regierte erst ab 1701. Händel hat also in Berlin keinen König gesehen. Der Übersetzer*), Großvater der gegenwärtigen Majestät (*dass der Verfasser ein eben so schlechter Genealoge und Politiker wie Historiker sei, beweist derselbe damit, dass er den Großvater des jetzigen Königs von Preußen statt dessen Vater nimmt und den damaligen Kurfürsten zum König macht. Der Übersetzer*), durch dessen Aufwand an Sängern und Komponisten verschiedene treffliche Leute aus Italien und anderen Ländern herbeigezogen wurden. Unter denselben waren insbesondere Buononcini und Attilio, eben diese, welche hernach in England angelangt, wie Händel auch da lebten und den ersten für ein Haupt der wider ihn gerichteten Gegenpartei erkennen musste. Diesen Buonocini hielt man in Berlin wegen seiner Setzkunst sehr hoch, denn sie war vermutlich die beste, welche jemals am preußischen Hof zu Gehör gebracht worden ist. Allein sein Temperament war dabei so geschaffen, dass er sich gar zu leicht durch Beifall zum Übermut verleiten, folglich durch Bewunderung und Lob einnehmen ließ. Ob nun gleich Händel für einen außerordentlichen Klavierspieler in seiner Jugend gehalten ward, sah ihn doch Buononcini in Betracht seiner Jahre, auch in der Kunst für ein Kind an. Weil aber dennoch andre Leute immer rühmlich von diesem Kinde redeten, fiel jenem Virtuosen ein, die Wahrheit im Grunde zu entdecken, setzte deswegen eigentlich eine Kantate, im chromatischen Geschlecht, durchgehend so schwer, dass auch seiner Meinung nach ein großer Meister beide Hände voll zu tun haben würde, solchen Aufsatz ohne vorhergegangene Einsicht und Übung aus dem Stegreif zu accompagniren. Als er aber fand, dass doch eben derjenige, den er für ein bloßes Kind gehalten, diese fürchterliche Komposition nicht nur vor der Faust wegspielte und als eine Kleinigkeit abfertigte sondern auch mit einem gewissen Grade der Nettigkeit, des Nachdrucks und der Richtigkeit begleitete, die man kaum von einem sehr geübten, erfahrenen Künstler erwarten konnte, sah er ihn in einem besseren Lichte an und redete von ihm aus einem ganz anderen Ton.

Attilio (Ariosti), welcher zwar als Komponist dem Buononcini nicht völlig beikam aber ein besserer Klavierspieler war, wurde wegen seines angenehmen Umgangs und artigen Betragens persönlich viel mehr geliebt, als jener. Seine Gewogenheit gegen Händel brach bei dessen ersten Ankunft in Berlin schon aus und währte bis zur Zeit seiner Abreise. Er nahm ihn oftmals auf den Schoß und ließ sich so eine ganze Stunde vorspielen, hörte ihn mit Wohlgefallen an, unter Bewunderung der außerordentlichen Fähigkeit eines so jungen Menschen, der damals nicht über 13 Jahre alt war, wie aus dem Zusammenhang der Geschichte zu entnehmen. (*Anno 1685 ist er geboren, anno 1698 in Berlin angelangt. Wenn auch die verschiedenen Vorfälle mit Buononcini und Attilio, mit dem König selbst und übrigen Hofe nur für ein paar Stunden, ja für nichts gerechnet würden, so sind das doch wenigstens 14 Jahre. Man sollte meinen, er wäre nicht viel über sieben Jahr gewesen, wie ihn Ariosti auf seinen Schoß setzte. Der Übersetzer*). Des Attilio Leutseligkeit hatte auch bei Händel ihren Nutzen: denn weil er ihm allzeit willkommen war, ließ er keine Gelegenheit verstreichen, ihn zu besuchen und von ihm dasjenige zu erlernen, was ihm ein Mann von Attilios Alter und Erfahrung anzeigen oder ihn lehren konnte. Wir würden jedoch dem Buononcini Unrecht tun, wenn wir seiner dem Händel erwiesenen Höflichkeiten gar nicht gedächten. Allein diese waren stets in einer solchen entfernten Art und einem gewissen Rückhalt begleitet, die den Wert einer Verbindlichkeit eben dadurch verminderten, da sie denselben zu erhöhen suchten. Das geringe Alter desjenigen, den man sich verbinden wollte, schien ja wohl allen Argwohn eines Nebenbuhlers und Eifersüchtigen aufzuheben. Wer noch so jung ist, kann schwerlich in dergleichen Verdacht stehen und dennoch mögen einigen Leuten solche Besorgungen nicht gar abwegig vorkommen, in Erwägung dessen, was sich gleichwohl hernach zugetragen hat. Diejenigen, welche gern das Vorhergehende mit dem Folgenden erklären wollen, mögen hierbei sagen, dass der Same der Feindschaft zwischen Buononcini und Händel in Berlin ausgestreut worden und dass dieses Säwerk, obgleich es nicht so bald aufging, ehe das Theater sich veränderte, nur auf Zeit und Gelegenheit gewartet habe.

So viel ist gewiss, dass der kleine Fremdling nicht lange am berlinischen Hof gewesen war ehe seine Geschicklichkeit zur Kundschaft des Königs gelangte, der ihn vielmal hohlen ließ und wohl beschenkte. Es verhält sich in der Tat also, dass Ihre Majestät, da Sie des Jünglings Gaben erkannte und die Gelegenheit, solchen sonderbaren Geist unter Schutz zu nehmen, nicht verlieren wollten, sich entschloss, seine fernere Erziehung auf eigene Kosten zur besorgen. Das Absehen ging dahin, ihn unverzüglich nach Italien zu senden, wo er sich die besten Meister zu Nutze machen und Gelegenheit finden würde, alles zu hören und zu sehen, was dort vortreffliches von dieser Art zu hören und zu sehen ist. Sobald solcher Anschlag seinen Freunden kund getan wurde, denn er war noch zu jung, sich selbst darüber zu raten, beredete man sich darüber um eine Antwort abzufassen, wenn dergleichen Vorhaben ihnen förmlich angetragen werden sollte. Viele dachten, sein Glück sei schon so gut als gemacht und die Eltern, meinten sie, würden das königliche Anerbieten mit beiden Händen ergreifen. Andere aber, welche die Beschaffenheit und das Wesen des berlinischen Hofes genauer einsahen, trugen darüber mehr Bedenken und Fürsorge, denn sie wussten wohl, wenn er sich einmal zu des Königs Diensten verbunden haben würde, müsste er darin verbleiben, es möge ihm gefallen oder nicht. Befände er sich nun beständig in Gnaden, so würde man ihn schwerlich erlassen, erweckte er aber nur das geringste Missfallen, so wäre sein Untergang vor der Tür. Ein solches Anerbieten, meinten sie, wenn es angenommen würde, wäre schon eben so viel, als sich förmlich verbinden, und doch halte es auch schwer, dasselbe mit guter Art auszuschlagen. Zuletzt ward beschlossen, eine Entschuldigung zu erdenken. Wie nun bald darauf des Königs Begehren dem Vater vorgetragen wurde, lief diese Antwort ein: er müsste es zwar allemal mit der größten Ehrerbietigkeit erkennen, dass Ihre Majestät ein so gar gnädiges Auge auf seinen Sohn zu schlagen geruhet hätten, weil er, der Vater, aber selbst nun alt geworden und die kurze Zeit über, die er noch etwa zu leben vermeinte, den Sohn gern bei sich haben möchte, so hoffte er, Ihre Majestät würden allergnädigst verzeihen, dass er diese hohe Gnade in Untertänigkeit verbäte, die ihm auf königlichen Befehl angetragen sei.

Ich bin nicht im Stande, dem Leser Nachricht zu erteilen, wie diese abschlägige Antwort vom König aufgenommen worden ist von dem wir glauben können, dass er dergleichen, absonderlich in solcher Art Sachen, zu empfangen nicht gewohnt war. Nun schickte es sich gar nicht, dass Händel nach diesem Vorfall länger in Berlin verweilte, weil man daselbst nur seines Vaters Betragen desto genauer prüfen und untersuchen würde, je mehr sich der Sohn mit seiner Kunst hervortäte.

Er ward demnach mit vielen und großen Höflichkeiten von seinen Freunden aus Berlin entlassen. Zwei mal war er inzwischen von Zuhause weg gewesen und hatte beide mal solche Ehren- und Achtungszeichen genossen, die sehr selten, auch wohl nimmer einem Menschen seines Alters und Standes widerfahren sein mögen. Nachdem er nun in Halle angelangt, fing er schon an, sich selber besser als vorher bewusst zu sein, seine eigenen Vorzüglichkeiten zu erkennen, dem Triebe zur Nacheiferung und zum Ruhm Raum zu geben, der ihn nötigte, die weite Welt zu sehen und sein Heil darin zu versuchen. Die Bekanntschaft mit den berühmten Meistern in Berlin hatte ihm ganz neue Wege zu vortrefflich erhabenen Absichten und zur größeren Vollkommenheit in seiner Kunst angewiesen. Nach der abschlägigen Antwort, die seine Verwandten dem König von Preußen gegeben hatten, konnte er sich niemals entschließen, lange daheim zu bleiben. Weder als ein Lehrling noch als ein Amtsgehilfe seines gewesenen Meisters Zachau. Er hatte die Sänger und Komponisten Italiens so hoch rühmen hören, dass ihm seine Gedanken gar sehr nach selbigen Lande stunden. Zur Ausführung aber eines solchen Vorhabens gehörte ein mehr angefüllter Beutel, als den er bisher in Vorrat hatte. Daher blieb es bis auf solche Zeit ausgesetzt, da dergleichen Reise ohne Gefahr und Nachteil unternommen werden konnte. Weil nun sein Glück dennoch aus der Tonkunst notwendig erwachsen sollte, richtete er fürs Erste seine Augen auf einen nicht so gar entfernten Ort, wo er sich die Zeit zu Nutze machen und sowohl an Geschicklichkeit als Erfahrung zunehmen möge. Nächst den berlinischen Opern waren die hamburgischen in grossem Rufe. Deswegen ward beschlossen, ihn auf seine eigene Rechnung hin zu senden, vornehmlich aber zur größeren Übung. Klug gehandelt war, dass ihn seine Eltern nicht so frühzeitig, in Absicht eines Dienstes oder Gewinns, zu etwas festes verbinden wollten. Wie viele haben nicht die schönsten Eigenschaften und Gaben ihrer Kinder dadurch erstickt, dass sie ihnen diejenige Freiheit und Unabhängigkeit genommen zu der Zeit, da solche zu ihrem Vorschub sehr wesentlich war! Auf diesen Umständen bauten des Händels Freunde allzeit ihr Vornehmen, so lange er noch unter ihrer Aufsicht blieb. Und es ist sehr merkwürdig, dass Händel selbst, sobald er sein eigenen Herr war, eben diese heilsame Regel beständig vor Augen hatte. Denn in der Folge seines Lebens schlug er oft das höchste Anerbieten aus, ob es gleich von großen Standespersonen herkam, auch sogar die schätzbarsten Winke des schönen Geschlechts mussten einzig und allein versäumet werden, weil er an nichts besonders verbunden oder verhaftet sein wollte

Nicht lange nach seiner Rückkehr aus Berlin starb sein Vater. Das war ein Vorfall, der die Einkünfte der Mutter ungemein verminderte. Damit nun der Sohn ihre Ausgaben nicht noch beschwerlicher machen möge, war das erste, was er nach seiner Ankunft in Hamburg vornahm, sich einige Scholaren und eine Stelle im Orchester zu verschaffen. Es glückte ihm auch hierin so wohl, dass er der Mutter ihren ersten Wechsel freiwillig zurücksandte und demselben noch ein kleines Geschenk beifügte. Wir bemerken hier billig, dass eben dergleichen Mildtätigkeit sowohl in den letzten als ersten Jahres seines Lebens bei ihm vorkam und absonderlich für solche Personen, mit denen er entweder einen natürlichen oder nur zufälligen Zusammenhang hatte. Auch begab es sich nicht lange vor seinem Tode, dass er auf erhaltene Nachricht von schlechter Versorgung der zachauischen Witwe selbiger mehr als einmal Gelder zukommen ließ. Er würde ein Gleiches für ihren Sohn getan haben, wenn ihm nicht hinterbracht worden wäre, dass eine solche Beihilfe demselben Menschen nur mehr Gelegenheit geben mag, in seiner üblen Aufführung fortzufahren.

Ehe wir nun in unserer Erzählung weitergehen, wird nötig sein, von den hamburgischen Opern, ihren Sängerinnen, Sängern und Komponisten zu berichten. Die vornehmste Sängerin hieß Conratini und der vornehmste Sänger Mathyson. Der letzte war Sekretär beim Ritter Cyril Wych, Resident des großbritannischen Hofes, welcher Händel zum Musikmeister hatte und selbst ein schönes Klavier spielte. Mathyson war kein großer Sänger und ließ sich nur gelegentlich hören. Aber er war ein guter Darsteller, ein guter Komponist in Handsachen und ein guter Pianist, schrieb auch selbst und übersetzte verschiedene Bücher, eines handelt von seiner eigenen Profession, der Setzkunst. Er hatte sich vorgenommen, Händels Leben viele Jahre vor dessen Tode zu beschreiben. Wäre dieser Vorsatz in Erfüllung gegangen, so hätte er manchen Vorteil gehabt, der von uns nicht gefordert werden kann, nämlich weitläufigere und frischere Materialien, wenigstens so fern, als sich das händelsche Leben sich damals erstreckte. Alles, was wir mit unserer Beschreibung suchen, besteht darin, dass wir deutlichen, ungekünstelten Bericht erstatten von solchen Umständen, die wir zu entdecken fähig gewesen sind. Und zwar nur von solchen Vorfällen, die wir auch mit gutem Grund für glaubwürdig halten.

(Diese ganze Erzählung, samt allem, was von hamburgischen Opern noch folgt, steckt so voller Irrtümer, dass man kaum herausfinden kann. Die Conradin – nicht Conratini – besaß eine fast vollkommene, persönliche Schönheit und hatte dabei eine außerordentlich herrliche Stimme, die sich vom kleinen a in gleicher Stärke bis ins dreigestrichene d erstreckte. Das machte sie zur vornehmsten Sängerin. Mattheson – nicht Mathyson – informierte dieselbe Jahr aus Jahr ein, d.h. er sang ihr täglich alles so lange vor, bis sie es ins Gedächtnis fasste. Niemand hieß zu derselben Zeit ein großer Sänger, der kein Kastrat war, deren wir damals noch keinen hatten. Zum Unterricht der Conradin aber würde wohl doch wohl eben kein kleiner, vielweniger ein Verschnittener gedient haben. Dass er nur gelegentlich gesungen haben soll, ist lächerlich von einem zu sagen, der in 15 Jahren nicht vom Theater gekommen und fast allemal die Hauptperson vorgestellt, auch sowohl durch ein ungekünsteltes Singen als durch seine Gebärdenkunst, welche in allen Singspielen das Wesentliche ist, bei den Zuschauern bald Furcht und Schrekken, bald Tränen, bald Freude und Vergnügen erweckt hat. Am 9. Juni 1703 machte er, auf einer Orgel, mit Händel Bekanntschaft, als dieser 19 1/4, jener aber 21 3/4 Jahre alt war, dass also der Unterschied nur ein 1/2 Jahre ausmachte. Sie reisten am 17. August des selben Jahres miteinander nach Lübeck, spielten sowohl dort als in Hamburg Orgel und Klavicimbel gleichsam um die Wette, welche Händel auf jener gewann, auf diesem aber, nach eigenem Geständnis, ein-

büßte, so dass sie verabredeten, einander nie ins Gehege zu kommen. Haben es auch fünf bis sechs Jahre treulich gehalten. Am 20ten Oktober führte Matheson seine fünfte oder sechste Oper namens Kleopatra auf, zu welcher, unter seiner Leitung, Händel das Klavier spielte. Gleich darauf erfolgte am 7ten November des selbigen Jahres ein Ruf von Herrn Johann Wich, Schildknappe und königlicher großbritannischer Abgesandter im Niedersächsischen Kreise, der den Matheson erst zum Lehrer und Hofmeister seines neunjährigen Sohnes Cyrill, bald hernach aber zum wohlbestallten Sekretär mit dreihundert Reichstaler und zweihundert dito Nebeneinkünften per Annum annahm. Das gab scheele Augen, zumal da er dem Theater dabei gute Nacht sagte. Wo nun der Stein einmal auf diese Art gründlich festlag, da wuchs er fast sichtbar. Der junge Herr von Wich hatte zwar vorher ein Paar sehr geringe Lektionen von Händel genommen, sie wollten aber nicht anschlagen und man wandte sich unverzüglich zum Hofmeister, unter dessen Anführung besagter Herr mit der Zeit zu einer großen Perfektion gelangte. Er succedirte auch dessen Vater und erlangte 1729 die erbliche Würde eines Ritterbaronets. Mattheson verharrte immer in königlichen Diensten, war zwölf- oder dreizehnmal Chargè des Affairs, wurde zu wichtigen Verschickungen gebraucht etc., wie solches alles in der 1740 gedruckten Ehrenpforte der Länge nach verzeichnet steht. So, dass ganze 50 Jahre darüber zu Ende liefen und der hochverdiente Herr Baronet endlich auch, nach zurückgelegter moskowitischen Ambassade hier in Hamburg das Zeitliche mit dem Ewigen wechselte. Hätte der Verfasser dieser Lebensbeschreibung die matthesonschen Bücher, unter unter solchen die oben erwähnte Ehrenpforte nebst der Critica musica, hierbei zu Rate gezogen, da sie publici juris waren, so hätte es ihm an richtigeren Materialien nicht fehlen können. In solcher guten Lage verfertigte doch der nicht große noch vornehmst gewesene Sänger und Hauptdarsteller – principal singer and actor – bei allen Staatsgeschäften und dringenden Ausfertigungen im ganzen niedersächsischen Kreise nicht nur eine große Menge von Kirchenstücken, Oratorien, Opern nebst Klavier- und anderen Instrumentalsachen, die auch in England nicht unbekannt sein können, teils als Kapellmeister des Herzogs von Holstein, teils als Canonicus und Cantor cathedralis Hamburgensis, teils als Dirigent verschiedener großer Konzerte, sondern auch bisher, nicht etwa nur Eines, vielmehr 86 Bücher, die mehrenteils auf das gründlichste von der Ton- und Singekunst handeln. Und vermachte darauf der abgebrannten Michaeliskirche etliche viertausend Mark zu einem Orgelwerk, zahlte auch solche Gelder bar vorher aus und denket noch Weiteres, per codicillum, auf verschiedene Art zu tun. Sein in Gottesfurcht geführtes Leben als Legationsrat des Großfürsten erstreckt nicht nunmehr ins achtzigste Jahr, bei aller Munterkeit und nützlicher Arbeit. Der Wahrheit zu liebe ist dieses hier eingerückt! Der Übersetzer).

Wir fahren in der Übersetzung weiter fort, da es denn nun heißt: Die Conratini war vortrefflich sowohl in der Darstellung als im Singen und Keysar (Keiser) brillierte in der Komposition. Weil er aber ein Mann war, der in Freuden lebte und viel aufgehen ließ, geriet er so tief in Schulden, dass er unsichtbar werden musste. Zwar wurden auch seine Opern während seiner Abwesenheit eine zeitlang aufgeführt, da er sich aber nicht mehr wollte finden lassen, verlangte derjenige, welcher bisher das zweite Klavier gespielt hatte, dass man ihm nunmehr das erste unter Händen geben sollte. Diese Anforderung verursachte einen Streit mit Händel und ist, teils wegen der Seltsamkeit, teils auch wegen der Wichtigkeit, der Erzählung wert.

Ich kann doch aber nicht begreifen, worauf Händel sein Recht zum ersten Flügel gegründet haben sollte. Er hatte bisher im Orchester nur eine Violine gespielt, auf welcher er stark war, obgleich man wußte, dass er auf dem Klavier noch größere Stärke besaß. Inzwischen war doch der ältere Prätendent dieser Verrichtung wohl gewachsen und drang auf gehörige Nachfolge. Hergegen hatte Händel nichts anderes vor sich, als seine natürliche Überlegenheit, darauf er sich verließ und nicht weichen wollte. Hieraus entstanden sogar Parteilichkeiten im Opernhause. Einerseits hieß es aus anscheinender Billigkeit, es sei ungerecht und unerhört, einen solchen Jungen wie Händel seinem viel älteren Kameraden vorzuziehen. Andernteils aber wandte man dagegen ein, und zwar mit nicht geringerem Beifall, dass die Oper solcher Kleinigkeiten halber nicht zurück gesetzt werden müsste, weil man leicht vorhersähe und aus Keisers Umständen abnähme, dass es bald nötig sein würde, sich nach einem neuen Komponisten umzusehen, da es denn Künste erfordere, einen besseren als Händel anzutreffen, der Keisers Nachfolger sein könne. Kurz: es wäre, sagten sie, nun so weit gekommen, dass die Frage, wenn man sie recht betrachtete, nicht sowohl darin bestünde, wer die Opern dirigieren und den Takt im Orchester führen, als vielmehr, ob es überall mit den Opern aus sein sollte.

Diese Gründe erhielten den Vorzug. Und derjenige, dem die erste Stelle ordentlicher Weise gebührte, musste sichs gefallen lassen, seinem aufgeschossenen Mitbewerber Platz zu machen. Wie sehr ihm aber diese Beschimpfung zu Herzen gegangen, kann man aus der Art und dem Grade seiner Ahndung ermessen, welche mit der glühenden Wut eines Italieners als mit der sanften Gelassenheit eines Deutschen übereinstimmt. (*Er nennt die Deutschen phlegmatisch und besinnt sich nicht auf eine querelle allemande. Der Übersetzer*). Weil er sich nun einmal fest vorgenommen hatte, dass Händel ihm solchen gewaltsamen Vordrang teuer genug bezahlen sollte, verbarg er seinen Verdruss so lange, bis sich eine Gelegenheit zeigte, darin er seiner Rache den Zügel völlig schießen lassen konnte. Sie hatten also beide nicht so bald das Orchester verlassen, als der Beleidigte von Leder zog und Händel mit dem Degen auf die Brust stieß, wodurch dieser auf ewig von dem angemaßten Amte, weil der Stoß recht aufs Herz gerichtet war, entsetzet worden wäre, wenn nicht eben eine freundliche Partitur, die Händel im Busen trug, solches verhindert hätte, durch welche auch selbst die Stärke eines Ajax hindurch zu dringen nicht vermögend gewesen sein würde.

Wäre dieser Zufall in alten Zeiten vorgegangen, würde sich kein Sterblicher haben überreden lassen, dass nicht der große Apollo zu Händels Erhaltung in Gestalt eines Notenbuchs den Stoß aufgefangen hätte.

Aus den berichteten Umständen sieht die Sache einem Meuchelmorde ähnlicher als einer ungefähren Begegnung. Sähen wir sie als eine Reconter an, so möge das Ding wohl einem solchen jungen Menschen wie Händel für einen Mangel an Herzhaftigkeit oder auch für eine Unerfahrenheit, wie er sich zu verteidigen hätte, ausgelegt werden. Sollte aber das erste gültig sein und hätte er sich allenfalls wohl zu beschützen gewusst, so wäre er freilich überrumpelt worden, ohne dass er Zeit gehabt, sich zur Gegenwehr zu stellen.

(Hier muss ich diesem Vernünftler wider die Rede fallen und ihm seinen Unfug zeigen, der noch größer und gröber ist, als der vorige, worin schon mehr als ein Dutzend Falschheiten vorhanden waren, die hier völlig verdoppelt werden. Denn es verhält sich mit diesem Zwiespalt im Grunde und in den Umständen ganz anders, wie bereits in der Ehrenpforte Seite 94 und 193 mit möglichster Bescheidenheit angezeigt worden, nur dass damals noch keine Ursache, wie jetzt, vorhanden war, den Leser zu erinnern, dass eine trockene Ohrfeige kein Meuchelmord sei sondern vielmehr eine notwendige Warnung, sich zur Gegenwehr anzuschicken. Das ist Eins: der unrecht berichtete Verfasser bringt mehr eine Fabel als wahre Geschichte zu Markte. Es sind niemals, so lange man denken kann, im hamburgischen Opernorchester zwei Klaviercimbel zugleich geschlagen, es ist immer nur eins da gewesen, folglich hat sich auch niemand darum zanken können. Da nun dieses der Beweggrund des Gefechts sein soll, so fällt mit ihm die ganze übrige Erdichtung auf einmal über den Haufen. Das wäre also der zweite historische Schnitzer. Es geht hier weiter an ein solches Fehlen, dass man es schwerlich zählen kann. Händel hat nur anfänglich die andere oder zweite, doppelt besetzte Violine im Orchester gespielt. Und zwar auf solchem Instrument, wie leicht zu erachten, nicht stärker als ein Ripieniest. Da haben wir die dritte Falschheit.

Und noch dazu eine prahlende Unwahrheit. Die Schlägerei ereignete sich am 5. Dezember 1704. Da Händel, welchen der Lebensbeschreiber mit aller Gewalt je länger je jünger machen will, beinahe 21 Jahre alt, groß, stark, breit und kräftig vom Leibe, folglich Mannes genug war, sich zu wehren und des an seiner Seite hängenden Degens eingedenk zu sein. Das ist der vierte und ein starker Artikel, den sich ein sehr feiner Reputationsschreiber, vor anderen, merken sollte, wenn er, statt wahre Begebenheiten lauter erhabene Lobreden vorbringt und dem Übersetzer viele unnötigen Mühen macht. Der Übersetzer).

Es stehe nun, sagt er, das Recht oder Unrecht der Sache auf welcher Seite es wolle, so hatte sich nunmehr Händel den Titel des Vorzugs, dem Ansehen nach, dadurch genugsam erworben, dass er so viel Gefahr darüber ausgestanden. Was er und seine Freunde also erwarteten, das erfolgte auch bald darauf. Denn da er sonst nur den Takt führen durfte, ward er nun selber gar Opernkomponist. (Vermutlich wegen erwiesener Tapferkeit unter dem Schutze des in ein Notenbuch verwandelten Apollo, sonst könnte kein Mensch die Konsequenz begreifen). Keiser vermochte wegen seiner unglücklichen Zufälle den Vorsteher oder Inhaber des Opernwesens mit neuen Werken seiner Feder nicht zu versorgen. Daher wandte sich dieser zum Händel und übergab ihm ein Drama zum Setzen. Dasselbe nun hieß Almeira (verstehe Almira) und war die erste Oper seiner Komposition. Der Beifall, welchen dieselbe erhielt, ging so weit, dass sie dreißigmal ohne Unterbrechung gespielt wurde. Händel war zu solcher Zeit nicht viel über vierzehn. Und ehe er noch sein fünfzehntes Jahr vollendete, kam schon eine zweite Oper unter dem Namen Florinda. Und bald hernach die Dritte, Nero genannt, glücklich zur Welt, welche mit eben dem Beifall als die vorherigen aufgenommen ward.

(Jener fünfte Schnitt, dass ein und dieselbe Oper in Hamburg mit allen Segen und Gedeihen dreißigmal ohne Unterbrechung gespielt worden ist, ist wahrlich was Rechts wert, der sechste aber kommt noch etwas feiner heraus. Wir wollen eine Zergliederung darüber anstellen. Almira wurde zum ersten Mal am achten Januar anno 1705 aufgeführt. Nun rechnet unserer Chronologe vom 24. Februar 1684 an, da Händel geboren ward, bis hierher, nämlich bis zum achten Januar 1705 etwa 14 Jahr und ein wenig dazu, da es doch fast 21 sind. Aber es kommt ihm auf sieben Jahre eben nicht an. Das lässt mir einen schönen Rechenmeister sein. Numero sieben, Nero, war nicht die dritte, wie unser Verfasser fälschlich vorgibt, die Numero acht, sondern die zweite händelsche Oper und kam in eben dem 1705ten Jahr am 25. Februar zum Vorschein. Da waren nur 48 Tage zwischen beiden, höchstens sieben Wochen. In den sieben Wochen waren sieben Sonn-

tage, 14 Posttage, Marien- und Feiertage ungerechnet, wo sollen denn die 30 Aufführungen herkommen, die ohne Unterbrechung von der Almira stattgefunden haben sollen? Wer von dem, was dieser Historikus hier schreibt, die Hälfte glaubt, kommt schon merklich zu kurz. Das war Numero neun. Der zehnte Zahlenfehler betrifft den Florindo als einen Mann, nicht die Florinda als eine Frau. Es war auch nicht die zweite sondern die dritte Oper von Händel, die Florindo hieß und wurde 1708, drei Jahre nach dem Nero, aufgeführt, da nicht nur Keiser eine ganz neue Almira, eine Octavia, eine Lukretia, eine Fedeltà coronata, einen Masagnello furiose, einen Sueno, einen genio di Holsatia, einen Karneval von Venedig verfertigte, sondern auch Schieferdecker seinen Justin, Grünwald seine Germanicum und Graupner seine Dido hören ließen. In besagten 1708ten Jahr brachte Händel noch zu guter Letzt eine Daphne zuwege, welche die vierte seiner hamburgischen Opern war und von dem Lobredner, ganz und gar zum unersetzlichen Schaden seines Mündlings, ganz und gar ausgelassen wurde, weil sie ihm unbekannt war. Hat der Man nicht glaubwürdige Nachrichten gehabt? Da ist das Dutzend voll und wir bemerken noch zum Überfluss, dass Händel Anno 1708 nicht 15 sondern 24 Jahre alt war. Dieser error calculi kann für ein Meisterstück genug tun. Wenn wir nicht gewiss wüssten, dass Georg Friedrich wirklich am 14. April 1759 im 76ten Jahre gestorben wäre und es käme mit diesem musikalischen Achill auf seinen verwirrten prosaischen Homer an, so wäre er wohl beständig auf 15 Jahre, vielleicht auch gar imberbis, bis in die Grube geblieben und unser hamburgische Barbier hätte in fünf bis sechs Jahren sein Geld von ihm mit Sünden genommen, da er ihm täglich seine Aufwartung machte.

Wenn der Engländer meint, er könne uns seine Träume in einer Mixtursprache beibringen, so muss er sich auch gefallen lassen, dass wir ihm in einer Heldensprache Bescheid geben. Wir verstehen ihn wohl und haben es gelernt. Versteht er aber uns nicht, so mag er es auch noch lernen. Hierbei lassen wir es fürs Erste bewenden. Wir reden was wir wissen und zeugen, das wir gesehen haben, fahren also mit der Übersetzung fort, wobei das Original dennoch so viele unrichtige und verdächtige Fußstapfen vorhergegangen sind, die unseren Glauben in Ansehung der Folge nicht wenig schwächen. Nach seiner sechsjährigen Verweilung in Hamburg überlassen wir also diesen berühmten Mann den Italienern und Engländern, glauben aber nicht, dass der Mond aus grünem Käse gemacht sei. Der Übersetzer).

Seine Absicht war niemals gewesen, sich in Hamburg niederzulassen. Er gab vielmehr den Pachtern bei seiner Ankunft schon zu verstehen, dass er nur als ein Reisender dahin gekommen, um etwas zu lernen. Er sei zwar nicht abgeneigt, so lange, bis Keiser, der Komponist, wiederum in Freiheit gesetzt wird oder man einen anderen Nachfolger fände, zur

Verfügung zu stehen, wäre aber entschlossen, sich mehr in der Welt zu versuchen, ehe er irgendwo eine Verbindlichkeit einginge, die ihn an einem oder anderem Ort lange aufhalten könnte. Der Pachter ließ dieses ihm und seinen Freunden anheim gestellt, aber so lange er es ratsam befinden würde, sich bei den Opern verwenden zu lassen, verspräche er ihm wenigstens eben so viel zu geben, als sonst ein Komponist genossen hätte. Das war auch nicht mehr als billig und recht in Ansehung einer in solchen Umständen befindlichen Person. Denn gute Häuser geben allemal gute Bezahlung all denen, die Teil daran nehmen, absonderlich aber einem solchen, der ihre Aufnahme durch seinen Wert, Fleiß und Wandel zu befördern vermögend ist.

Während der Zeit, da Almira und Florindo aufgeführt wurden, befanden sich viele Standespersonen in Hamburg, vornehmlich aber der Prinz von Toskanien, Bruder des Großherzogs von Florenz Johann Gaston de Medicis. Dieser Prinz war ein großer Liebhaber derjenigen Kunst, deretwegen sein Vaterland so berühmt ist. Händels Geschicklichkeit in dieser Kunst brachte ihm nicht nur einen Zutritt bei Seiner Durchlaucht zuwege sondern auch eine Art von Vertraulichkeit. Sie beredeten sich sehr oft miteinander, nicht nur wegen des musikalischen Zustandes überhaupt, sondern auch in Ansehung der Komponisten, der Sänger und Spieler als verdienter Personen an und für sich selbst. Dabei beklagte sich der Prinz vielmal, dass Händel mit den italienischen Tonkünstlern nicht bekannt wäre, zeigte ihm eine weitläufige Sammlung ihrer besten Musikalien und gab ein großes Verlangen zu erkennen, ihn mit nach Florenz zu nehmen. Händel gestand offenherzig, dass er in den vorgezeigten Stücken nichts finden könnte, welches mit demjenigen hohen Wert übereinstimmte, den Seine Durchlaucht ihnen beigelegt hatten. Er sähe die selben Sachen vielmehr für so was Mittelmäßiges an, dass die Sänger und Sängerinnen, solche angenehm zu Machen, notwendig Esel sein müssten. Der Prinz lächelte über diesen strengen Anspruch und fügte hinzu, dass es nur eine Reise nach Italien kosten würde, um sich zu dem daselbst regierenden Stil und Geschmack zu bequemen. Er versicherte, dass kein Land in der Welt einem jungen Anfänger, zur Anwendung seiner Zeit, vorteilhafter sein könnte oder in welchem ein jeder Teil seiner Profession mit mehr Sorgfalt getrieben würde, als eben in Welschland. Händel erwiderte, wenn dem so wäre, so müsste er sich wundern, dass ein so großes Bestreben nur solche kleinen Früchte hervorbrächte. Was aber Seine Durchlaucht ihm zu verstehen gegeben und was er bereits vorher von dem Ruhm der Italiener gehört hätte, würde ihn gewisslich bewegen, die angepriesene Reise zu unternehmen, sobald es ihm nur bequemlich fiele. Darauf ließ sich der Prinz heraus, falls er besagte Reise mit ihm zu tun Lust hätte, sollte es ihm an keiner Bequemlichkeit fehlen. Händel, der nicht gesinnt war, sich dieses Anerbietens zu bedienen, bedankte sich doch für die ihm erwiesene Ehre. Denn er blieb entschlossen, auf seine Kosten nach Italien zu gehen, sobald er nur zu dem Ende einen Vorrat gesammelt haben würde. Dieser edle unabhängige Geist, der ihm von Jugend auf beigewohnt hatte, verließ ihn nimmer auch nicht in den allerunglücklichsten Zeiten seines Lebens.

Solange er sich in Hamburg aufhielt, kamen sehr viele geschriebene Sonaten von ihm zum Vorschein. Wo sie aber geblieben sind, das hat er nimmer erfahren können, indem er so unvorsichtig gewesen, sie aus den Händen zu lassen. Vier oder fünf Jahre (*Soll heißen: fünf oder sechs Jahre. Der Übersetzer*) waren seit seiner Ankunft in Hamburg bis zu seiner Abreise verstrichen. Wir haben bereits angemerkt, dass er, anstatt seiner Mutter zur Last zu fallen, derselben vielmehr nützlich gewesen, ehe er noch in seinem neuen Zustande befestigt war, ob er ihr nun gleich von Zeit zu Zeit Gelder zu senden fortfuhr, hatte er sich doch, nach Bezahlung aller Kosten, eine Börse von 200 Dukaten gesammelt. Und mit solchem Vorrat entschloss er sich zur Reise nach Italien (*Anno 1709 war er noch in Hamburg, hat aber nichts gemacht. Darauf ergab sich die Gelegenheit, mit dem von Binitz nach Italien eine freie Reise anzutreten, da er dann anno 1710 zu Venedig seine Agrippina hören ließ. Der Übersetzer*).

Die Anzahl der Schulen und Akademien, darin die Musik an verschiedenen Orten dieses Landes getrieben wird, nebst der ungemeinen Aufmunterung, die denen angedeiht, welche in solcher Kunst vortrefflich sind, haben sich längst mit dortiger angenehmen Lage und Luftgegend dahin verbunden, es zum vorzüglichsten Teil der Welt zu machen, in dem, was dessen Komponisten, Sänger und Instrumentenspieler betrifft. Weil nun eine jede dieser abgesonderten Klassen einen eigenen Stil und eigene Art führte, so finden sich auch sehr merkwürdige Dinge, die bei allen gemein sind. Ein Fremder aber, der sich in solcher Profession hervorzutun sucht, muss dieselben Umstände mit desto größerem Fleiß bemerken, je weniger man sie verzeichnen, schriftlich verfassen, ja, auch nur beschreiben kann. Sie sind deswegen schwerlich durch Regeln zu begreifen, weil sie nicht selten den Regeln selbst zuwider laufen. Ich weiß nicht, wie ich sie nennen soll, es wäre denn, mass man sage, sie bestünden aus gewissen Schönheiten und Zärtlichkeiten in der Empfindung und im Ausdrucke der Gedanken, die sich nur durch langes Nachsinnen und aufmerksame Beflissenheit erhalten lassen. Ob sie auch gleich im ersten Anblick fast für nichts zu achten sind, so lässt sich doch schließen, dass sie viel zu bedeuten haben, wenn wir erwägen, was die Italiener davon sagen. Nämlich: é quel tantino, chi fá tutto, dieses geringe Ding ist es, darin alles besteht. Die Fuge in der Ouvertüre zum Mutius Scävola gibt mit ihrer allerersten Risposata hiervon ein Beispiel ab. Geminiani, der genaueste Bemerker aller Regeln, wurde durch die gerade Übertretung derselben in besagter Fuge dermaßen gerührt, dass er bei der starken Wirkung ausrief: „Quel Semitono vale un mondo!" Dieser halbe Ton ist eine Welt wert! (*Der Verfasser spricht Geminiani habe f sharp, fis, gemeint. Was will das sagen? Nichts! Der Übersetzer*). Der jüngere Scarlatti bedient sich oft solcher Freiheiten sehr glücklich, obgleich er sie gar zu oft gebraucht. Denn es ist an dem, dass man sie nicht ohne Behutsamkeit und mit viel Verstande anwenden könnte. Sie würden auch nicht gelitten werden, wenn es nicht wegen der sonderbaren und rührenden Wirkung geschähe, die daraus erfolgt, so bald sich ein großer Meister damit abgibt. Es wird unnötig sein, die Gleichheit dieser musikalischen Lizenz mit der poetischen und Mahler-Freiheit anzuführen, als zu welcher die sehr schwache Gesellschaft großer Geister allein ein ausschließliches Vorrecht zu besitzen scheint. (*Ist das eine historische Schreibart? Der Übersetzer*).

Aus den besten Nachrichten, die wir von dem Zustande der Tonkunst in ihren verschiedenen Lagen und Absätzen erhalten können, sollte es in der Tat fast das Ansehen gewinnen, als ob kein Volk zu finden, das zu solcher Vortrefflichkeit in der Vokalmusik gelangt sei oder einen sich so weit erstreckenden Befehl über der Menschen Leidenschaften und Neigungen führte, als die Italiener. Hierin merke ich wohl, dass mir der Abt du Bos gerade zuwider sein wird. Denn seine Vorurteile zum Behuf der französischen Nationalmusik sind so stark, dass er kein Bedenken trägt, den Lülly allen italienischen Meistern vorzuziehen. Nachdem Voßius seine Ursachen angeführt hatte, warum er der alten Musik vor der neuen den Preis erteile, so ersuchte besagter Abt, der weder alte noch Neue mit seinen Landsleuten vergleichen wollte, seine Leser die Frage mit diesen Augen zu betrachten: „Qu'on se figure donc quelle comparaison Vossius auroit faite des Cantates et des Sonates des Italiens avec Symphonies et les Recits de Lully, s'il les eut connus, lorsqu'il écrivoit de livre dont je parle." „Man stelle sich also vor, welche Vergleichung Voßius gemacht haben würde zwischen den Kantaten und Sonaten der Italiener mit den Symphonien und Rezitativen des Lülly, wenn er sie damals gekannt hätte, als er das Buch schrieb, davon ich rede." Könnten wir nicht auch den Abt du Bos fragen, was der erwähnte gelehrte Kritikus wohl denken möge, wenn er so lange gelebt hätte, die überaus zierliche und vernünftige Schrift „Lettre sur la Musique françoise par I.I. Rousseau, citoyen de Génève" zu sehen, worin fast demonstrativ erwiesen ist, dass sowohl wegen Unbiegsamkeit der Sprache als auch wegen des verkehrten Geschmacks der Nation die Franzosen nimmermehr eine Musik haben werden, die ein unparteiischer und rechtmäßiger Kunstrichter erdulden kann. Dieses ist so wahr, dass auch das Leidliche im Lülly selbst von jenen Italienern, die man so verächtlich hält, erborgt oder entlehnt worden. Es wird nicht vergessen werden, was Lülly aus Corellis Bekanntschaft für Vorteile gezogen, noch wie er ihm dafür so gar schlecht gedankt habe, dass er eine heimliche Verbindung wieder ihn erreichtet und ihn aus Paris getrieben hat. Das waren keine Merkmale eines großen Gemüts, ob man ihn gleich würdig hielt, den Rang eines Staatsmannes und geheimen Rats zu bekleiden. (*Irrtum! Der Übersetzer*). Alles, was hier zu des Lülly Nachteil beigebracht worden in sofern er als ein Tonmeister betrachtet wird, geht nicht dahin, dass ich ihn von geringerem Gehalt zu schätzen und aller Gaben berauben sollte, ja, eben so wenig Ursache würde man haben, dergleichen von Rameau, seinem großen Nachfolger, zu sagen.

Desto mehr ist aber zu beklagen, dass Glück und Zufall sie an solchen Orten geraten lassen, woselbst dasjenige, was ihnen die gütige Natur verliehen, auf eine verkehrte Art gedreht worden, teils in Betracht der ungeschickten Einrichtung ihrer Sprache (die ebenso unbequem zur Musik als zur Dichtkunst ist), teils auch in Ansehung des verdorbenen Nationalgeschmacks, es entstehe nun dieser aus welchen Nebenursachen er immer wolle. Wahr ist, dass der Herr Addison am Ende seines letzten Blattes von Opern den Geschmack der französischen Musik nicht nur verteidigt sondern auch angepriesen hat. Allein, der sinnreiche Abt bemüht sich umsonst denselben zu seinem Vorteil anzuführen. Denn obgleich jedermann mit Addison übereinstimmt, dass die Musik in diesem oder jenem Lande, so weit es tunlich ist, sich zur Aussprache und zum Akzent der Einwohner reimen soll, so folgt doch daraus keineswegs, dass eines jeden Volkes Aussprache und Silbenlaut sich zum musikalischen Vortrag schicke, da dessen unabänderliche Grundsätze, ja sogar die Fundamente der Bau- und Malerkünste, von ihm geradewegs zu den unbeständigen, willkürlichen Entscheidungen der Gewohnheit und des Eigensinns gerechnet werden. Die vortrefflichen Gaben des Herrn Addison als eines Mannes und Verfassers haben fast seine Fehler selber geheiligt und der Einfluss seiner Beurteilung in dieser Sache steht desto mehr zu befürchten je bekannter es ist, dass er zwar einen außerordentlich feinen Geschmack an allen Künsten überhaupt, doch insbesondere eine sehr unvollkommene Kenntnis von der Musik hatte, wie die Poesie in seiner Oper Rosemond und sein Begriff von der französischen Komposition auf das Stärkste beweisen.

Die heftigen Bewunderer des händelschen Stiles pflegen bemerkte Abzeichen der italienischen Vortrefflichkeiten mit demjenigen weibischen oder weichlichen Geschmack zu vermischen, der aus einem vergeblichen Beginnen entspringt, dergleichen starke Seelenempfindungen ohne Geist, ohne Kunst und ohne Verstand oder Bescheidenheit rege zu machen. Sie erwägen nicht, welche Vorteile er durch die Bekanntschaft mit den italienischen Meistern erhalten hat, indem er ihren zärtlichen und schönen Melodien in der Tat noch größere Züge des Ausdrucks hinzufügt, da er zugleich dieselben mit der vollen starken Harmonie seines Vaterlandes zu vereinigen wußte. Eine genauere Beschreibung der italienischen Musikart wird zu Beginn der Anmerkungen erfolgen, welche dieser Darstellung angefügt sind.

Wir haben ihn eben zu der Zeit in Hamburg verlassen, da er im Begriff war, nach Italien abzureisen, wo er bald nach dem Prinzen von Toskanien anlangte. Florenz, wie natürlich zu vermuten steht, war seine erste Bestimmung. Denn wegen seiner Bekanntschaft mit diesem Herrn brauchte es keiner weiteren Empfehlung am Hofe des Großherzogs, woselbst er zu allen Zeiten einen freien Zutritt hatte und dessen Wohlwollen er bei jeder Gelegenheit erfuhr. Die Kunde von seiner Geschicklichkeit hatte die Neugierde des Großherzogs und dessen Hofes bereits geweckt und man erwartete das eine oder andere Werk von seinen Kompositionen mit großer Ungeduld. Weniger Erfahrung und weniger Jahre zur Reife seiner Urteilskraft hatten ihn bislang einen Fortgang zuwege gebracht, der den äußersten Umkreis seiner Wünsche erfüllte. Nun aber kam es mit ihm in einem fremden Lande auf die Probe an, woselbst die Setzart eben so sehr von dem Stil seines Vaterlandes als der Umgang, die Gewohnheit und der Gebrauch der Italiener von dem Deutschen unterschieden war. Ob er nun schon merkte, dass er dabei etwas zu kurz kommen möge, ließ doch seine Ehrbegierde nicht zu, die Probe, zu welcher man ihn einlud, auszuschlagen. Im achtzehnten Jahre seines Alters (*Die errores calculi häufen sich hier. Der Übersetzer*) schrieb er die Oper Rodrigo und bekam nebst einem silbernen Service hundert Sequins dafür zum Geschenk. Dieses mag zu genugsamen Beweise dienen, wie wohl er empfangen worden ist. Vittoria, die als Darstellerin und Sängerin sehr bewundert wurde, spielte die vornehmste Person in dieser Oper. Das Frauenzimmer war schön und hatte eine ziemliche Zeit der besonderen Gnade Seiner Großherzoglichen Durchlaucht genossen. Allein, die natürliche Beruhigung gewisser Herzen machte sie in ihrer Erhebung so unempfindlich, dass sie sich entschloss, ihre Gunst auf eine andere Person zu werfen. Händels Jugend und gute Gestalt in Vereinigung mit seinem Ruhm und musikalischen Wissen hatte sich ihrem Gemüt eingedruckt. Und obgleich sie die Kunst besaß, ihre Neigung vor der Hand zu verbergen, war es doch nicht in ihren Kräften, wenigstens nicht in ihrem Vorsatz, dieselbe zu unterdrücken.

Die Beschaffenheit seiner Absichten, welche sich auf weitere Reisen erstreckten, erlaubten ihm keinen langen Aufenthalt an irgend einem Orte. Er hatte fast ein Jahr in Florenz zugebracht und sein Entschluss ging auf alle Städte und Teile Italiens, die nur einigermaßen wegen der Musik berühmt waren. Fürs Erste ging es auf Venedig los. In einer Maskerade daselbst entdeckte man ihn als er, mit einer Maske vor dem Gesicht auf einem Flügel spielte. Scarlatti befand sich ungefähr neben ihm und sagte zu den Anwesenden, es könne dieser Spieler kein anderer sein, als der berühmte Sachse oder der Teufel selbst. Da er sich nun hierdurch zu erkennen geben musste, hielt man sehr stark bei ihm an, dass er doch eine Oper setzen möge. Es schien aber bei solchem Unterfangen so wenig Ehre und nutz vermacht zu sein, dass er ungern daran wollte. Endlich willigte er doch darin ein und brachte in drei Wochen seine Agrippina zu Papier, welche 27 mal herhalten musste, ebenfalls ohne Unterbrechung, wie oben von der Almira gesagt ist. (*Anno 1709, bei seiner Abreise aus Hamburg, war Händel über 25 Jahre alt, blieb ein Jahr in Florenz, ehe er nach Venedig ging. Daselbst wurde Anno 1710 seine Agrippina im Karneval auf dem Theatre St. Gio Crisostomo aufgeführt. Nun rechne, wer rechnen kann, und hebe an vom 24 Februar 1684, ob das 18 Jahre, wie unser Biograph sagt, oder 26 beträgt. Der Übersetzer*).

Der Schauplatz, auf welchem diese Oper aufgeführt wurde, hatte lange Zeit verschlossen gestanden, da indessen zwei andere Häuser zu gleicher Zeit offen waren, in deren einem Gasparini, im anderen aber Lotti den Vorsitz behaupteten. Die Zuhörer bei der händelschen Vorstellung wurden dermaßen bezaubert, dass ein Fremder aus der Art, mit welcher die Leute gerührt waren, sie alle miteinander für wahnwitzig gehalten haben würden. Bei jeder kleinen Pause schrieen die Zuschauer „Viva il caro Sassone" / Es lebe der liebe Sachse! nebst anderen Bekundungen ihres Beifalls, die so ausschweifend waren, dass ich ihrer nicht gedenken mag. Jedermann war durch die Größe und Hoheit seines Stils gleichsam vom Donner gerührt. Denn man hatte nimmer vorher alle Kräfte der Harmonie und Melodie in ihrer Anordnung so nahe und so gewaltig miteinander verbunden gehört. Auch scheint es, dass die Waldhörner und andere Windinstrumente, die den Italienern wenig bekannt waren, bei dieser Gelegenheit eingeführt worden sind. Ich glaube, man hat sie dort nie vorher zur Begleitung der Singstimme gehört.

Diese Oper nun zog die besten Sänger und Sängerinnen von den beiden anderen Schaubühnen zu sich. Unter denselben war die vornehmste oben erwähnte berühmte Vittoria, welche kurz vor Händels Abreise von Florenz nach Venedig vom Großherzog Urlaub erhalten hatte, in einem der besagten Opernhäuser mitzusingen. Die Agrippina brachte ihren natürlichen Gaben einen neuen Glanz zuwege. Händel schien in ihren Augen fast so groß und majestätisch wie Apollo und es war ferne von ihrer Meinung, so grausam und eigensinnig zu sein als Daphne.

Nachdem wir die wichtigsten Vorfälle zu Venedig erwähnt haben, müssen wir nun berichten, wie er in Rom empfangen worden ist. Der Ruf seiner musikalischen Vortrefflichkeiten war von Florenz und Venedig, lange vor seiner persönlichen Ankunft in dieser Welthauptstadt schon erschollen. Seine Gegenwart daselbst wurde augenblicklich bekannt und verursachte allerhand höfliche Nachfragen und Botschaften von Personen des ersten Ranges. Einer seiner größten Bewunderer war der Kardinal Ottoboni, ein Herr von auserlesenem Geschmack und fürstlicher Pracht. Außer einer schönen Sammlung von Gemälden und Bildsäulen besaß er auch eine weitläufige musikalische Bibliothek und hatte ein vortreffliches Ensemble Tonkünstler in steter Besoldung. Der berühmte Corelli war bei der ersten Violine und hatte seine Zimmer in des Kardinals Palast. Seine Eminenz war gewohnt, Opern, Oratorien und andere große Werke, die von Zeit zu Zeit angeschafft wurden, aufführen zu lassen. Von Händel wurde hierzu ein Beitrag verlangt und es fand sich allemal in seinen Stücken eine solche Hoheit und Überwage, dass der besten Meister Werke dagegen nur klein aussahen und nichts zu bedeuten hatten. Es regierte auch in seiner Komposition eine ganz andere Art, die sich von der in Italien gewöhnlichen Weise unterschied. So sehr, dass diejenigen, welche sonst selten oder nimmer in der Ausübung anderer Musikalien zu kurz kamen, bei seiner Arbeit oft stutzten und solche nicht recht herausbrachten. Corelli selbst beklagte sich darüber, dass er in den händelschen Ouvertüren sehr viel Schweres antreffen müsste. In allen Zügen seiner Erfindungen, absonderlich im Eintritt, war ein solcher Grad von Feuer und Kraft, der sich nimmer mit der sanften Anmut und gefälligen Zierlichkeit eines so ungleichen Geistes vereinigen konnte, den Corelli besaß. Händel hatte einmal auf verschiedene, doch fruchtlose Vorstellungen an Corelli versucht, denselben zu unterrichten, wie man seine erhabenen Gedanken am besten artikulieren könne. Allein, da ihn die Kaltsinnigkeit und das gelinde Wesen, womit Corelli immer zu spielen fortfuhr, heftig verdross, riss er ihm einmal die Violine aus der Hand und spielte die betreffenden Stellen selbst um zu zeigen, wie wenig jener ihrem Nachdruck Genüge tat. Corelli aber, als ein sehr bescheidener und sanftmütiger Mann, bedurfte keiner solchen Überzeugung, denn er gestand offenherzig, dass er keinen Verstand davon hätte, er wisse die Sachen nicht eigentlich herauszubringen und ihnen die gehörige Stärke des Ausdrucks zu geben. Wie nun Händel seine Ungeduld darüber spüren ließ sagte Corelli: „Ma, caro Sassone, questa Musica è nel Stylo Francese, di ch'io non m'intendo" („Aber, mein lieber Sachse, diese Eure Musik ist nach dem französischen Stil eingerichtet, darauf ich mich gar nicht verstehe"). Die Ouvertüre der Oper Il Trionfo del Tempo war es, welche dem Corelli die meisten Schwierigkeiten verursachte. Auf sein Verlangen machte also Händel an deren Statt eine Sinfonie, die mehr nach dem italienischen Stil ausfiel.

Ein kleiner Zufall, der Corelli betrifft, beschreibt seine Gemütsneigung so deutlich, dass ich auf Nachsicht hoffe, ihn zu erwähnen, obgleich er nicht zur Sache, nämlich dem händelschen Lebenslauf, gehört. Man bat ihn einmal, in großer ansehnlicher Gesellschaft ein schönes neu von ihm verfertigtes Solo zu spielen. Wie er nun eben in der Mitte desselben begriffen war, fingen einige Anwesende zur Unzeit an miteinander zu schwätzen. Sofort legte Corelli sein Instrument freundlich nieder und auf Befragen, ob ihm etwas fehle, gab er zur Antwort, es fehle ihm zwar an nichts, allein er sei in Sorge, sein Spielen könnte das Gespräch stören. Die artige Eigenschaft dieser stillschweigenden Bestrafung nebst seiner sanftmütigen und leutseligen Antwort machte jedermann vergnügt, auch sogar diejenigen Personen, die Gelegenheit dazu gegeben hatten. Diese baten ihn, seine Violine wiederum zur Hand zu nehmen. Mit der Versicherung, er möge sich nur alle Aufmerksamkeit versprechen, die erfordert würde und die man auch schon vorhin seinen Verdiensten schuldig gewesen wäre. Bisher ward Händel, wo nicht gänzlich so doch vornehmlich als Komponist angesehen worden. Nunmehr aber werden wir ihn auch als einen Spieler und Ausrichter zu betrachten haben. Wobei nicht zu vergessen ist, dass, obgleich er die Beschaffenheit und Handhabung der Geige intus hatte, dennoch seine vornehmlichste Ausübung und seine größte Meisterschaft im Orgel- und Klavierspielen bestand.

Bei seiner ersten Ankunft in Italien waren Alessandro Scarlatti, Gasparini und Lotti höchstens berühmt. Mit dem erstgenannten wurde Händel beim Kardinal Ottoboni bekannt. Dieser Scarlatti, der ältere, war ein Verfasser der Opera Principessa defele, welche in ihrer Art für ein chef d'œuvre, sprich: Meisterstück, gehalten wurde. Auch werden seine verschiedenen Kantaten von den Kritikern sehr hoch geschätzt. Händel geriet besagten Ortes auch in die Bekanntschaft des Dominico Scarlatti, der anitzo in Spanien und Verfasser auserkorener Handsachen ist. Weil er nun vortrefflich Klavier spielte, entschloss sich erwähnter Kardinal, denselben und Händel zusammen zu bringen und eine Probe ihrer beiderseitigen Geschicklichkeit anzustellen. Man hat sagen wollen, dass einige dem Scarlatti den Vorzug zuerkannt haben in dem, was den Flügel anbelangt. Wie es aber zur Orgel kam, blieb nicht der geringste Zweifel übrig, wer den Preis davontrüge. Scarlatti selbst musste bekennen, dass er von Händel auf der Orgel übertroffen sei und gestand gar gern, dass er keinen Begriff von seiner Stärke gehabt, ehe er ihn darauf gehört hätte. Scarlatti war auch von diesem Spielen dermaßen eingenommen, dass er dem Händel durch ganz Italien nachfolgte und sich nimmer glücklicher schätzte, als wenn er sich in dessen Gesellschaft befand.

Händel pflegte von diesem Scarlatti oft mit Vergnügen zu sprechen und hatte wahrlich guten Grund dazu. Denn seiner großen Gaben zu schweigen war er eines angenehmen Umgangs und sein ganzes Betragen bestand in lauter Leutseligkeit. Die beiden Hautboisten Plas, welche neulich von Madrid gekommen sind, berichten uns, dass dieser Scarlatti, so oft man daselbst sein Spielen bewunderte, nur Händel nannte und zum Zeichen seiner Verehrung allemal ein Kreuz vor sich schlüge.

Ob nun gleich wahr ist, dass es niemals zwei Personen zu solcher Vollkommenheit auf ihren erwählten, beiderseitigen, einerlei Instrumenten gebracht haben können, so ist doch merkwürdig, dass ihre Art zu spielen einen gänzlichen Unterschied verursachte. Die eigentliche Vortrefflichkeit des Scarlatti schien in einer gewissen Zierlichkeit zärtlicher

Ausdrücke zu bestehen. Hingegen besaß Händel etwas Glänzendes und Funkelndes im Spielen, bei erstaunlicher Fertigkeit der Finger. Was ihn aber von allen anderen, die dergleichen Gaben hatten, förmlich unterschied, war die entsetzliche Vollstimmigkeit und nachdrückliche Stärke, die er dabei bewies. Diese Anmerkung kann auch bei Betrachtung seiner Komposition ihre Gültigkeit haben, mit eben dem Rechte, als in Ansehung des Spielens.

Während seines Aufenthalts in Rom besuchte er auch die Paläste der beiden Kardinäle Colonna und Pamphili. Der Letztgenannte besaß eine Fertigkeit zur Dichtkunst und schrieb die Oper „Il Trionfo del Tempo" nebst verschiednen anderen Werken, welche Händel auf des Kardinals Begehren vertonte. Einige bei Feierabend, andere aus dem Stegreif oder stehenden Fußes. (*Der Abt dü Bos, wenn er von dem durchgehenden Triebe redet, den die Italiener vom Höchsten bis zum Niedrigsten auf eine merkwürdige Art für die Musik bezeigen, lässt sich folgendermassen aus: „Ils savent encore chanter leurs amours dans des vers qu'ils composent sur le camp, et qu'ils accompagnent du son de leurs instruments. Ils les touchent, so non avec delicatesse, du mois avec assez de justesse, c'est se qui s'appelle improviser." Diese Anmerkung kommt vom Verfasser des Lebenslaufs. Ich sehe aber nicht, wie er sich zu der händelschen Komposition ex tempore reimt, denn er schrieb sie doch erst auf. Der Übersetzer*). Unter andern war eines, das selbst Händel zu Ehren geriet. Er wurde darin dem Orpheus verglichen und über alle Sterbliche erhoben. Ob Seine Eminenz diese Materie erwählt habe, unserem Händel schöne Einfälle an die Hand zu geben oder in der Absicht zu entdecken, wie weit ein Künstler dem Anfall der Eitelkeit widerstehen könne, ist eben nicht nötig auszumachen. Doch hatte Händel eben keine solche ausschweifende Bescheidenheit an sich, die ihn hätte hindern sollen, dem Begehren seines erlauchten Freundes Genüge zu tun. (*Dieser Ausdruck wird denjenigen nicht zu stark erscheinen, die da wissen, was für aufrichtige Hochachtung und herzliches Wohlwollen er sich von Personen des höchsten Ranges zuzuziehen wußte. Der Übersetzer*).

Weil er demnach mit so vielen Herren geistlichen Ordens vertraulich umging, da er doch eines Glaubens war, der in allen Stücken mit dem Ihrigen stritt, kann man sich leicht natürlicher Weise einbilden, dass einige derselben sich mit ihm darüber im Wortwechsel eingelassen haben müssen. Denn wie könnte man glauben, dass diese frommen Katholiken gegen ihn in Wahrheit so günstig gesinnt gewesen, ohne sich zu bestreben, ihn vom Wege der Verdammnis abzubringen? Als ihn nun einer aus den erhöhten Geistlichen über diesen Artikel zur Rede stellte, war seine Antwort, er sei weder geschickt noch geneigt zum Nachforschen oder Untersuchen in Dingen dieser Art sondern fest entschlossen, als ein Glied derjenigen Gemeinde, darin er geboren und erzogen zu leben und zu sterben, die Glaubensartikel mögen nun wahr oder falsch sein. Wie nun zu einer wirklichen und ganzen Bekehrung keine Hoffnung vorhanden war, trachtete man doch danach, ihn zu überreden, dass er sich nur einer äußerlichen Gleichförmigkeit bedienen möge. Allein weder Schlussreden noch Anerbietungen hatten die geringste andere Wirkung bei ihm, als dass sie ihn nur desto mehr in den protestantischen Lehrsätzen befestigten. Inzwischen waren es doch nur sehr wenige Personen, die sich darüber mit ihm besprachen. Denn man betrachtete ihn sonst durchweg als einen Menschen, der eine redliche, obgleich irrige Meinung hegte und der sich nicht leicht gewinnen lassen würde, solche zu ändern. Während seiner Anwesenheit in Rom verfertigte er ein Oratorium unter dem Titel Resurrectione (Resurrezione) nebst 150 Kantaten, Sonaten und andere Stücke nicht gerechnet.

Von Rom ging er nach Neapel, woselbst, wie an den meisten anderen Orten, ihm ein Palast zu Dienste stand, mit freier Tafel, Kutsche und allen übrigen Bequemlichkeiten. In dieser Hauptstadt brachte er Acis und Galatea ans Licht, in italienischen Worten und in einer von der hiesigen unterschiedenen Komposition. Diese wurde auf Begehren der Donna Laura verfertigt. Ob sie eine portugiesische oder spanische Prinzessin gewesen, kann ich eigentlich nicht sagen. Doch das herrliche und prächtige Wesen dieser Dame gab zu verstehen, dass sie spanischer Abkunft sei. Denn sie lebte, führte sich auf und hielt einen Staat, der wirklich königlich war.

Mit welcher guten Art Händel dieses Werk vollführte, das lässt sich leicht aus demjenigen abnehmen, was er nachgehens in dieser Materie und bei anderen Umständen hervorgebracht hat, da die Sprache ihm nicht so günstig, nicht so sanft und klingend, auch die Poesien ohne Kunst, ohne Verstand, Ordnung und Zusammenhang waren.

So lange er in Neapel verharrte, ließen ihn die vornehmsten Herren, welche daherum wohnten, zu sich bitten. Und glücklich war derjenige, der ihn zuerst erhielt und am längsten bewirtete. Er verließ endlich das neapolitanische Gebiet und besuchte nochmals Florenz, Rom und Venedig, hielt sich auch an einem und anderem Ort etwas auf, weil er hier und da viele Freunde vor sich fand, so dass sich sein ganzes Verbleiben in Italien auf sechs Jahre erstreckte. In dieser Zeit hat er eine Menge Musikalien und allerhand Kompositionsarten zu Papier gebracht. Diese frühzeitigen Früchte seines Fleißes würden ohne Zweifel viel Seltenes aufweisen, wenn sie noch zu erhalten wären. Die Liebhaber der Kunst würden sich schier mit eben der Ehrerbietung ansehen, welche die Gelehrten für die köstlichen Überbleibsel des Livius, des Cäsars und des Tacitus haben. Es ist an dem, dass die wenigen unvollkommenen Stükke, die als abgebrochene Proben zu unseren Händen gekommen, nur dazu gedient haben, dasjenige schmerzlich zu bereuen, was davon verloren gegangen. Und wenn wir dem Leser berichten, dass die zwei ersten Abteilungen in Händels siebenter Suite ersten Bandes seiner Kompositionen vormals in der Ouvertüre seiner berühmten Agrippina gestanden sind, wird er sich weniger über die venezianischen Zuhörer und ihr außerordentliches Erstaunen verwundern, als über des Komponisten großen Geist, ehe er noch gänzlich das neunzehnte Jahr erreicht hatte. (*Da kommen wir wieder her! Der Verfasser hat gedacht: melius peccare in tempore, quam in re. Händel war wenigstens 26 Jahre alt, als er die Agrippina in Venedig aufführte. Der Übersetzer*). Aus einer solchen Kunstprobe kann ein jeder leicht von dem Werk selbst urteilen, doch wird es mit seinen jugendlichen Erfindungen schwerer halten, weil einige derselben ohne Zweifel verloren gegangen, andere aber nur bei solchen wenigen Virtuosen zu finden sind, deren schwärmerische Verehrung für alles, was in dieser Art wirklich groß und vortrefflich ist, ihnen diesen Titel erworben hat, da es schwer zu sagen fällt, ob sie tätiger und unermütlicher gewesen, solche Sätze zu sammeln, oder ob sie sorgfältiger und wachsamer sind, dieselben zu bewahren.

Nachdem also Händel lang genug in Italien verweilt hatte, um dasjenige wirklich zu fassen, warum er dahin gekommen war, fing er nunmehr an, auf die Rückreise in sein Vaterland bedacht zu sein. Nicht zwar, als sollte dadurch sein Reisen ein Ende nehmen, denn seine Neugierde war noch nicht gesättigt und so weit davon entfernt, so lange noch ein musikalischer Hof zu finden war, den er noch nicht gesehen hatte. Hannover war also der erste Ort, an dem er anhielt. Steffanie befand sich dort und hatte solche Gnade und Aufmunterung genossen, die, wo möglich, mit seinen besonderen Verdiensten überein kamen. Diesen großen Tonmeister, dessen Eigenschaften durch einen Freund seiner Kunst und seines Andenkens auf das Feinste geschildert sind, hatte Händel in dessen Geburtsstadt Venedig kennen gelernt und war froh, die Bekanntschaft zu erneuern. Denn Steffanie war ein vortrefflicher Setzer, seine Gemütsart überaus liebenswert und sein Betragen höflich und sehr angenehm. Wer geneigt ist, einen weiteren Bericht von seiner Person zu lesen, der kann sich oben erwähnter Beschreibung seines Lebens bedienen, die zwar nur aus sehr wenigen Blättern besteht, aber doch genug ist, ihm alle Ehre zu erweisen. Wir werden bald die Gelegenheit haben, seiner wiederum zu gedenken und wollen also nur sagen, dass er bei weiland Ihrer Majestät, wie Dieselbe noch Kurfürst von Hannover waren, als Kapellmeister diente. Das war daselbst ein Amt und ein Titel, der sehr viel galt, doch beiweitem nicht an denjenigen reichte, welchen er hernach führte.

Es befand sich zu Hannover auch ein Herr vom Oberadel, der unsern Händel in Italien kennen gelernt hatte, sehr viel von ihm hielt und ihm auch hernach, bei seiner zweiten Ankunft in England, große Dienste leistete. Es war der Freiherr von Kielmannseck, der ihn zu Hofe brachte und seiner Kurfürstlichen Durchlaucht so nachdrücklich anpries, dass diese ihm alsbald eine Besoldung von 1.500 Thaler jährlich bot, als eine bewegende Ursache, am Hofe zu verharren. Ob nun gleich ein solches Anerbieten von einem solchen Fürsten nicht auszuschlagen war, so liebte Händel doch seine Freiheit gar zu sehr, dass er es eilfertig und sonder Vorbehalt hätte annehmen sollen. Er bezeigte dem Herrn Baron, dass er für seine freundliche und vielgütige Empfehlung sowohl, als für Ihre Kurfürstliche Durchlaucht Güte und Großmütigkeit höchst verbunden sei. Allein er besorgte, dass die ihm bestimmte Gnade nicht mit seinem Versprechen bestehen könne, welches er wirklich getan habe, den pfälzischen Hof zu besuchen, noch mit seinem Vorsatz, nach England zu gehen und London zu besuchen. Allem Ansehen nach hatte ihn der Herzog von Manchester dahin ausdrücklich eingeladen. Nach dieser Einwendung erkundigte sich der Herr Baron, was der Kurfürst dazu sagen würde und erhielt die Antwort, dass weder sein Versprechen noch Entschluss, durch Annahme der Pension, Abbruch leiden sollten, weil ihm auf zwölf Monate oder länger, wenn er es verlangte, Urlaub gegeben werden sollte, zu reisen wohin er wollte. Auf diese willfährige Bedingung nahm er die Bestallung dankbar an.

Dieser reichlichen Besoldung wurde bald darauf noch der Kapellmeisterdienst hinzugefügt, welchen Steffani freiwillig niederlegte, denn er hielte nicht dafür, dass sich dieses Amte gänzlich reimen würde mit der hohen Würde eines Bischofs und Ambassadeurs, womit er sich nunmehr vom Papst bekleidet fand. Auch war ihm diese und eine jede Gelegenheit lieb, Händel seine Verbindlichkeit zu erweisen. Ungeachtet aber der neuen Gnade hatte er dennoch die Erlaubnis beibehalten, sein Versprechen zu erfüllen und seine Reisen vorzunehmen. Als ein vornehmstes Stück seiner Obliegenheiten wollte er vor allen Dingen seine Mutter in Halle besuchen. Ihr sehr hohes Alter und gänzliche Blindheit, die ihm zwar keine andere als traurige Unterredung zusagten, verursachten gleichwohl, dass er diese seine Schuldigkeit und Pflicht eben darum für desto notwendiger hielt. Nachdem er also bei seinen Verwandten und Freunden (unter welchen sein alter Lehrherr Zachau keineswegs vergessen wurde) einen Besuch abgestattet, begab er sich nach Düsseldorf. Dem Kurfürsten von der Pfalz gefiel es sehr wohl, dass Händel seinem Versprechen so pünktlich nachgekommen, befand sich aber sehr verlegen, da er vernahm, dass er schon anderwärts Dienste genommen hatte. Beim Abschied schenkten doch Ihre Kurfürstliche Durchlaucht demselben einen Aufsatz von ausgearbeiteten Silber. Und zwar auf eine solche verbindliche Art, die dem Wert desselben viel hinzusetzte. Von Düsseldorf nahm er den kürzesten Weg durch Holland, wo er sich nach England einschiffte. Es war im Winter Anno 1710, als er in London ankam. Ein denkwürdiges Jahr wegen des längsten und glücklichsten Krieges, welchen England jemals mit einer fremden Macht geführt hat, wenn wir den gegenwärtigen ausnehmen. Denn in dieser Zeit kam kaum ein Schiff aus Holland an, das nicht von neuen Siegen oder Vorteilen Nachricht brachte, die der englische Held (Marlborough) über die Armeen eines Monarchen erzielt hatte, der ehemals dem ganzen Europa fürchterlich war, nun aber jeden holländischen Bürgermeisters Spott ist. (*Was ein Franzmann hierzu sagt, stelle demselben anheim. In Händels Lebenslauf ist es bei den Haaren herbeigezogen. Und dergleichen Skurrilitäten zeigen ein unedles Herz an. Der Übersetzer*).

Es schien wirklich, dass der nationalen Glückseligkeit nichts anderes fehlte, als eine solche Person, welche durch die Zauberei seiner Melodie geschickt wäre, den bösen Fraktions- und Parteigeist zu zähmen, welchen uns das Unglück auf den Hals geschickt hat, gleichsam aus Mitleid gegen den ehemaligen Günstling des Glücks, den bedrängten Ludwig. Allein, so groß als auch Händel war, konnte er doch für England nicht das tun, was David für Saul tat. Eben dieser böse Geist, der sich schon so oft bei laufendem Kriege hatte sehen lassen, behauptete auch den Vorsitz auf dem Friedenskongress. Die Musik, welche Händel auf die Vollziehung desselben machte, wird an einem anderen Ort angeführt werden. Inzwischen dürfte es nicht undienlich sein, ein paar Worte von demjenigen Zustande einzurücken, worin sich die Musik bei seiner ersten Ankunft in England befand.

Wir nehmen einige wenige Kompositionen aus, die im Kirchenstil und hohen Alters wegen noch gut waren, so muss ich doch besorgen, dass wir keine Ursache hatten, uns mit demjenigen groß zu halten, was wir unser eigen nennen konnten. Zu der selben Zeit waren Opern eine Art neuer Bekanntschaft, fingen aber an, sich bei dem hohen Adel in Gunst zu setzen, deren verschiedene dergleichen Singspiele in demjenigen Lande gehört und gesehen hatten, da sie geboren sind. Aber ihre ganze Anstalt, vornehmlich der Inhalt, die Poesie, Maschinen, Vorstellungen und Verzierungen waren so läppisch und abgeschmackt, dass man fast nichts Ärgeres erdenken kann. Der damalige Papst ergötzte sich dermaßen an des Herrn Addisons scherzhafte Beschreibung dieser seltsamen Einrichtung, dass ihm der Bauch erschütterte, als er die Blätter las, welche davon handelten. Es scheint, Herr Addison habe nicht gar zu wohl daran getan, da er diesen verdorbenen Geschmack der heranwachsenden unordentlichen Begierde zugeschrieben, die man für alles hegte, was nur Italienisch hieß. Es ist gar nicht unmöglich, dass der Vorsteher des Werkes solchen Geschmack hier angetroffen habe und denselben beizubehalten verbunden gewesen. Was für Komponisten es damals gegeben hat, davon haben wir keine Nachricht. Es kommt auch nicht darauf an, dass man sich danach erkundige. Denn nach dem Bericht vom Anfange hiesiger Opern, wie wir solchen im 18ten Stücke des Spectators antreffen, liegt es zu Tage, dass teils bei Vermischung der Sprachen, teils durch Übersetzung der Leidenschaften und Gedanken aus italienischen Gedichten, der beste Komponist von dem schlechtesten nicht zu unterscheiden war. Händels Ankunft aber machte der Regierung dieser Torheit ein Ende.

Die Nachrichten von seiner ungemeinen Fähigkeit waren schon vor seiner Ankunft in England daselbst ausgebreitet, und zwar durch sehr verschiedene Wege. Einige der Unsrigen hatten ihn in Italien gesehen, andere aber in Hannover. Er wurde bald bei Hofe eingeführt und von der Königin mit Gnadenzeichen geehrt. Viele vom hohen Adel bezeugten große Ungeduld, eine Oper von seiner Arbeit zu sehen. Dieser heftigen Begierde nun Genüge zu tun kam Rinaldo an den Tag und war, als sein erstes Werk in England, in vierzehn Tagen fertig. Die Worte der Oper sind von Rossi und die erste Stelle daraus steht im Spectator. Sie enthält gleichsam einen Lobspruch seiner eigenen Dichtkunst, wiewohl er doch bald hernach mit aller Bescheidenheit eine Schutzrede darüber ausfertigte. Da dieselbe etwas Sonderliches hat, will ich dem Leser eine kleine Probe davon mitteilen:

„Vernünftiger Leser! Lass dir diese meine eilfertige Arbeit wohl gefallen. Und da sie dein Lob nicht verdient, versage ihr doch dein Mitleiden nicht. Ja vielmehr, dass ich recht sage, deine Gerechtigkeitsliebe, wegen der kurzen Zeit. Indem der Herr Händel, der Orpheus unserer Zeiten, da er dieses Schauspiel in Noten brachte, mir kaum die Muße zum Schreiben gelassen hat. So gar, dass ich mit Erstaunen gesehen, welcher Gestalt in zwei Wochen eine ganze Oper im höchsten Grad der Vollkommenheit harmonisiert worden ist."

Der Inhalt dieser Oper, wie ihn Rossi erhalten, rührte eigentlich von dem verstorbenen Herrn Aron Hill her, der auch eine englische Übersetzung davon herausgegeben hat. Wir ersehen aus dem Vorbericht dieser Übersetzung, dass damals der Schauplatz auf dem Heumarkt unter seiner Aufsicht stand. Es erhellt sich auch aus seiner Lebensbeschreibung, welche vor der letzten Ausgabe seiner dramatischen Werke steht, dass er im vorigen Jahr der Schaubühne in Drury-Lane vorstand. Die Eigenschaften dieser Person scheinen fast ebenso sonderlich zu sein, als seine Lebensvorfälle. Er war aus einem guten Geschlecht und hatte einige natürliche Gaben, hätte vielleicht auch zu derjenigen Hoheit gelangen mögen, danach er trachtete, wenn er sich nur ein gewisses Ziel setzen wollen. Allein, er war einer von den tätigen und unterfangenden Geistern, die alles angreifen und, aus Mangel der Erkenntnis ihrer eigene Stärke, nichts zur Vollkommenheit bringen. Er tat große Reisen, las viel und schrieb auch viel, aber alles, wie es ausfiel, von keiner Wichtigkeit. Seine vertraute Bekanntschaft mit den trefflichsten Personen seiner an beaux esprits so fruchtbaren Zeiten, reizte seine natürliche Hitze an, sich in den belles lettres hervorzutun. Der Einbildung nach war er zu einem großen Poeten bestimmt und die starken Lobsprüche, welche ihm einer beibrachte, der es wirklich war, bestärkten ihn in seinem Irrtum.

Ob dieser Umstand nicht einigen Zweifel erregen sollte an dem redlichen Betragen und an der Aufrichtigkeit, darauf sich der Herr Pope so viel zu gute tat, solches Überlasse denen zu beurteilen, die seine Beweggründe verstehen, welche ihn trieben. Sein edler Freund war beim Herrn Hill eben so verschwenderisch gewesen und die Gründe des Streits, der Herr Pope mit beiden oder vielmehr beide mit ihm hatten, war eben von dieser Art. (*Wer der edle Freund gewesen, dass lässt sich nicht erraten. Dergleichen Rätsel sind mehr vorhanden. Der Übersetzer*). Wie dieser aber nötig befand, mit seinen Anpreisungen mäßiger zu verfahren, nannte man solche Zurückhaltung eine üble Begegnung. Zwischen Verfassern ist nichts so gemein, als diese Wirkung ausschweifender und am unrechten Orte angewandter Zustimmungen.

Von der Dichtkunst zur Tonkunst war der Übertritt natürlich und leicht. Aber von Verfertigung eines in die Musik zu bringenden theatralischen Gedichts bis zur Extraktion des Öls von Bucheicheln, das sähe einem solchen Schritte ähnlich, den nur Hills Geist, der sich zu allen bequemte, wagen durfte. Es ist sehr schwer, einen solchen Zusammenhang des Orchesters und der Brennkolbe zu entdecken. (*Quid hoc ad rem? Der Übersetzer*).

Damit wir aber wieder zum Rinaldo kehren, worin der berühmte Nicolini sich hören ließ, ging dessen Aufführung mit eben so großem Glück von statten, als sich zu gleicher Zeit die Liebhaber der Musik sehr darüber bekümmerten, dass sich Händel am hannoverschen Hofe anheischig gemacht hatte. Denn es war noch sehr ungewiss, zu welcher Zeit oder ob er jemals nach England kommen würde. Sein Klavierspiel wurde eben so außerordentlich schön befunden, als seine Setzkunst. Einer von unseren vornehmsten Meistern auf dem Flügel pflegte von ihm mit Erstaunen als von einer Person zu sprechen, die es bei weitem allen vortat, die ihm bekannt gewesen und darin etwas Eigenes und Sonderliches vor anderen besäße. Ein anderer, der sich stellte, als ob er dem Bericht von seiner Fähigkeit keinen Glauben beimäße, sagte aus großem Vertrauen zu sich selbst, dass wir es hörten: „Lasst ihn nur kommen! Wir wollen schon mit ihm handeln, ich bin Bürge dafür!" Es würde keine Entschuldigung gelten, solche arme Zweideutigkeit zu erzählen, wenn nur Worte zu finden wären, die Beschaffenheit desjenigen, der sie vorbrachte, mit gleicher Kraft und Deutlichkeit vorzustellen. Wie er aber Händel auf der Orgel hörte, verschwand dieser in seinen eigenen Augen so große Mann und wurde ganz zu Nicht und Schanden.

Nunmehr hatte er sich vollkommen zwölf Monate in England aufgehalten, sodass es Zeit war, auf seine Rückreise nach Hannover bedacht zu sein. Wie er sich von der Königin beurlaubte und seine tiefe Erkenntlichkeit über die ihm erwiesene Gnade bezeigte, vermehrten Ihre Majestät dieselbe mit ansehnlichen Geschenken und wünschten ihn bald wieder zu sehen. Solche Merkmale des Beifalls von Seiten einer so hohen Königin schmeichelten ihn nicht wenig und er versprach, sich wieder einzustellen, sobald er nur vom Kurfürsten die Erlaubnis bekäme, in dessen Dienste er stünde.

Gleich nach seiner Ankunft in Hannover setzte er zwölf Kammerduette für die damalige Kurprinzessin. Die Kenner der Musik wissen wohl, was für Schönheiten in diesen Duetten enthalten sind. Die Worte dazu hatte der Abt Mauro Hortensio verfasst, welchem es auch bei anderer Gelegenheit der Mühe wert geschienen, den Tonmeistern eine hilfreiche Hand zu bieten.

Ausser diesen Duetten, als einer solchen Setzart, daran die Prinzessin und der Hof ein besonderes Vergnügen fanden, brachte er noch eine Menge anderer Sachen für Stimmen und Instrumente zu Papier. Am Ende des 1712ten Jahres gaben ihm Seine Kurfürstliche Durchlaucht Urlaub, einen zweiten Besuch in England abzulegen. Mit der Bedingung, sich nach Verlauf einer geziemenden Zeit wieder einzustellen.

Nicht lange nach seiner Ankunft in London kam der Utrechtsche Friede zustande. Ein jedes Jahr dieser denkwürdigen Regierung war mit solchen heroischen Taten und großen Begebenheiten angefüllt, dass die Poeten und Maler unserer Insel fast unter deren überhäuften Last hätten versinken mögen. Wären unsere Tonkünstler der Sache gewachsen gewesen, so würde schwerlich ein Fremder gefordert worden sein, Triumph- und Danklieder, deren man jetzt benötigt war, anzustimmen. Das hohe Haus, in dessen Schutz sich Händel begeben hatte, nahm nicht nur großen Anteil am Kriege sondern tat sich auch in demselben sehr hervor. Die Erfahrenheit und persönliche Tapferkeit seiner Glieder trugen nicht wenig zum glücklichen Ausgang bei. Nicht nur das besagte Durchlauchtigste Haus Hannover sondern die meisten protestantischen Fürsten desjenigen Landes, worin Händel geboren und erzogen worden war, hatten das Ihrige beigetragen, die übermäßige Macht einzuschränken, welche ihrer Religion und Freiheit den Untergang dräuten. Diese Umstände machten es angelegentlich und erweckten eine besondere Art der Bestrebung bei gewissen Künstlern, dass sie ihre äußersten Kräfte daran wagten, wenn die Würde und Wichtigkeit der Sache solche erforderte. Kein Werk kann vortrefflich sein, das nicht, wie die Italiener sagen, con amore, mit Lust und Liebe, verrichtet wird. Man muss gestehen, dass alle diese Vorteile bei Händel zutrafen und es ist nicht zu viel sondern vielleicht zu wenig gesagt, dass sein Werk den Meister lobte. Man lasse nur das grosse Tedäum und das Jubilate sprechen! Unser Geschäft ist es nicht, einen Lobredner sondern einen Geschichtsschreiber abzugeben. (*So ihr das wisst, selig seit, so ihrs tut. Der Übersetzer*).

Der große Name, welchen sich Händel mit seinen Opern in Italien und Deutschland erworben hatte, nebst der Erinnerung an Rinaldo und dem schlechten Fortgang am Heumarkt, erregten bei dem hohen Adel eine starke Begierde, von seiner theatralischen Komposition etwas Neues zu hören. Ihrem Verlangen trat die Königin mit dem Gewicht ihres hohen Ansehens gnädigst bei und setzte ihm, zum Zeichen für seine Verdienste hegenden Achtung ein Gehalt von 200 Pfund aus. Diese Erweisung königlicher Huld und Gnade schien desto merkwürdiger, je bekannter es war, dass er wirklich in fremden Diensten stand.

Von den verschiedenen Opern, die er damals machte, wird an anderer Stelle Nachricht erfolgen. Die Zeit war verstrichen, zu welcher sein erhaltener Urlaub sich mit Recht erstrecken konnte. Allein, ob er sich etwas vor der Seefahrt gescheut oder ob er eine Zuneigung zu den Tafellüsten des Landes gewonnen, war es einmal an dem, dass sein gegebenes Versprechen, nach Hannover zurück zu kommen, einigermaßen in Vergessenheit geriet.

Nach dem Tode der Königin im Jahre 1714 kamen Ihre Majestät der Thronfolger herüber. Da sich denn Händel, dem sein Gewissen sagte, wie schlecht er sich um seinen gnädigsten Patron verdient gemacht habe, der nun zum Throne dieser Königreiche durch alle Freunde unserer glücklichen und freien Verfassung eingeladen war, sich nicht unterstehen durfte, bei Hofe zu erscheinen. Aber Rechenschaft zu geben, warum er so lange ausgesetzt hatte, zu seinem Amt zu kehren, das war keine leichte Sache. Entschuldigung zu machen, dass er sein Wort nicht gehalten, das war etwas Unmögliches. Aus dieser schlechten Lage erlöste ihn dennoch ein besseres Glück, als er es vielleicht verdiente. Es passte sich eben, dass ein vornehmer Freund, der Freiherr von Kielmannseck, hier war. Derselbe brachte es, nebst anderen Standespersonen, dahin, dass ein Mittel gefunden war, ihn bei Seiner Majestät wiederum in Gnaden zu setzen, deren gütige Natur auch bald von höheren Personen bei wichtigeren Personen empfunden war.

Man schlug dem König eine Lustfahrt zu Wasser vor. Händel bekam Wind davon und wurde Raths, eine geschickte Musik zu dem Ende anzustellen. Er selbst vollzog und führte sie auf, ohne dass es der König wußte, der sich aber darüber sowohl verwunderte als ergötzte. Ihre Majestät verlangten Bericht, von wem solches herrührte und wie es zugegangen, dass diese Ergötzlichkeit ohne ihr Wissen vorgenommen worden war. Der Baron brachte den Verbrecher zum Vorschein und hielt um Erlaubnis an, ihn als einen darzustellen, der seines Fehlers nur gar zu sehr überführt sei, um sich einer Entschuldigung zu bedienen, doch aber von Herzen begierig, sein Versehen durch alles menschenmögliche Bezeigen seiner Pflicht, Untertänigkeit und Dankbarkeit zu büßen, falls er nur hoffen dürfte, dass Ihre Majestät selbiges in hohen

Gnaden anzunehmen geruhen möge. Diese Fürbitte erlangte ihre Gültigkeit ohne Bedenken. Händel kam aufs Neue in Gnaden und seine Musik ward mit sonderbaren Ausdrücken königlichen Beifalls beehret. Zum Zeichen dessen gefiel es dem König, noch einem Gehalt von 200 Pfund jährlich für ihn auszusetzen, neben und über den 200 Pfund, welche ihm zuvor von der Königin Anna angewiesen worden war. Nach einigen Jahren, wie er die jungen Prinzessinnen unterrichtete, bekam er noch dazu ein abermaliges Gehalt von der verstorbenen Königin über 200 Pfund.

Im Jahre 1715 machte er die Oper Amadige. Ich kann nicht feststellen, dass er sich zwischen dieser Zeit und dem Jahr 1720 mit anderen dergleichen Werken, außer dem Teseo und Pastor Fido, beschäftigt hat, denn, ob diese gleich kein Datum führen, daraus wir mit Gewissheit schließen könnten, zu welcher Zeit sie gemacht worden sind, so ist doch bekannt, dass sie unter die frühzeitigsten Verrichtungen dieser Art gehören und in einem oder andern Jahr des oben erwähnten Zeitraums entstanden sind.

In den drei ersten Jahres dieses Intervalls hielt er sich vornehmlich, wo nicht beständig, bei dem Grafen von Burlington auf. Die Vorzüge dieses Herrn als eines Gelehrten und Virtuosen, sind allenthalben bekannt. Der Herr Pope, als ein sehr vertrauter Freund des Grafen, befand sich oft mit Händel an dessen Tafel. Dieser Poet hatte einmal seinen Bekannten, den Doktor Arbuthnot, von dessen Wissenschaft in der Musik er viel Wesens machte, eigentlich darüber befragt, was seine ernstliche Meinung von Händels Künsten sei. Worauf ihm denn der Doktor alsbald die Antwort gab: „Macht Euch den höchsten Begriff von seiner Geschicklichkeit, wie immer ihr könnt, so übertrifft sie doch sehr weit alles, was ihr begreifen mögt." Nachdem nun Händel von seinen schönsten Stücken einige in Gegenwart des Herrn Pope hören ließ, erklärte dieser sich ausdrücklich, „dass sie ihm nicht das geringste Vergnügen gäben, seine Ohren müssten so unartig gebildet und so wunderlich eingerichtet sein, dass er diese Musik, welche man als die Beste der Welt rühmte, mit eben der Gleichgültigkeit anhörte, als ob es ein gemeines Gassenlied wäre!" Von einem solchen Mann, dessen Verstand so viele Vortrefflichkeiten hatte, können wir schwerlich eine Verstellung vermuten. Und doch ist es noch schwerer zu begreifen, wie ein Ohr in vollkommener Aufmerksamkeit auf alle Zärtlichkeiten des Reims und poetischen Silbenmaßes bei dem Reiz musikalischer Klänge ganz unempfindlich sein sollte. Und zwar bei einer solchen Geflissenheit, die im Lesen eben so merkwürdig war, als in der Schreibart. Vielleicht aber waren die ausschweifenden und unvernünftigen Lobsprüche der parteiischen Bewunderer Ursache, dass ein Mann, der sonst zu Satiren geneigt ist, sich stärker herausließ, als er sonst getan hätte. Es kann wohl auch sein, dass ein Kopf, der so fleißig in Ausforschung innerlicher Eigenschaften und dabei so fähig war, dieselben zu schildern, einen solchen Künstler als Händel für ein gutes Model hielt, seinen Versuch damit anzustellen. Leute von den größten Gaben verfallen auch oft in die größten Schwachheiten. Allein, der Dichter betrog sich doch sehr darin, falls er etwa meinte, der Tonmeister würde unvermögend sein, ohne Entrüstung einen solchen Ausspruch zu ertragen, der doch keine Achtung verdiente. Er möge nun im Ernst oder nur zur Probe abgefasst sein. Händel ließ sich durch diese Begebenheit so wenig irren, als Pope es getan haben würde, wenn Händel auch von Popes Gedichten, die sonst von der ganzen Welt einmütig bewundert waren, ebenso entscheidend geurteilt hätte.

Die beiden übrigen Jahre brachte er in Cannons zu, als einem anderen Ort (*vermutlich dem Herzog von Chandois zuständig, wie der Übersetzer denkt. Der Übersetzer*), der damals in voller Blüte stand und absonderlich deswegen merkwürdig war, dass er mehr Kunst als Natur hatte und ungleich mehr kostete, als die Kunst selbst wert war. Von den Musikalien, die er für die dortige Kapelle verfertigte, wird später noch die Rede sein. Ob Händel nur zum Werkzeug und zur Vergrößerung der Pracht dahin berufen oder aus Beweggründen einer höheren Art erwählt worden war, mag dahingestellt sein. So viel lässt sich sagen, dass es ein Merkmal wirklicher Hoheit war, dergleichen Komponisten in Diensten zu haben, dessen keine Privatperson, kein Untertan, ja kein Prinz oder Potentat auf Erden zu der Zeit mächtig werden konnte.

Im letzten Jahr seines Aufenthalts zu Cannons machte der hohe Adel einen Anschlag auf die Errichtung einer musikalischen Akademie am Heumarkt. Die Absicht dieser Societät ging dahin, dass man sich einer beständigen Versorgung mit Opern von Händels Komposition versichern wollte. Am Ende bediente man sich des Mittels einer Unterschreibung. Und weil es dem König gefiel, seinen Namen obenan zu setzen, bekam die Unternehmung den Titel der königlichen Akademie. Der König zeichnete 5.000 Reichsthaler, der Adel aber zwei Mal hunderttausend. Und es wurde beschlossen, dass es 14 Jahre währen sollte. Bisher aber blieb die Sache noch bei dem bloßen Entwurf und kam erst ein paar Jahre danach zustande.

Nachdem nun Händel seinen Verrichtungen zu Cannons entsagt hatte, trug man ihm auf, nach Dresden zu gehen und von dort Sänger oder Sängerinnen zu holen. Er nahm dort den Senesino und die Durastanti und brachte sie auch mit sich nach England herüber.

Um diese Zeit komponierten Buononcini und Attilio unsere Opern und hatten großen Anhang, fanden auch hohe Ursache, auf Händel als ihren Nebenbuhler eifersüchtig zu sein und wandten alle Kräfte an, sein Machwerk in Verachtung zu bringen, vornehmlich aber zu verhindern, dass er auf dem Heumarkt die Hände nicht ins Spiel bekäme. Allein dieses ihr Unterfangen war zunichte durch oben erwähntes Verbündnis, kraft dessen er die besagten Personen von Dresden hergeführt hatte.

Im Jahre 1720 erhielt er die Vergünstigung, seine Oper Radamisto aufzuführen. Soweit denjenigen Leuten, die noch am Leben und bei der Vorstellung zugegen gewesen sind, Glauben zu schenken ist, geschah dieselbe fast mit eben solchem übermäßigen Beifall, als die Agrippina gefunden hatte. Kaum war das Gedränge und der Tumult im Schauplatze Venedig mit dem zu London in Vergleich zu stellen. Bei solcher vornehmen und modernen Versammlung der Damen, deren auserlesenen Geschmack wir solche zuschreiben müssen, fand sich nicht der geringste Schatten einer Formalität, eines Wortgepränges, kein Schein der Ordnung, der Regelmäßigkeit, der Höflichkeit oder Wohlanständigkeit. Viele, die ihren Eintritt mit Ungestüm, ihrem Range und Geschlecht unanständiger Weise, behauptet hatten, fielen wegen großer Hitze und Ermangelung der Luft wirklich in Ohnmacht. Verschiedene Edelleute und Herren, die zehn Reichsthaler für eine Stelle auf der Galerie geboten hatten, nachdem sie keine, weder im Parterre noch in den Logen, erhalten konnten, wurden schlechterdings abgewiesen.

Es mag zwar das Ansehen gewinnen, als ob der in der Aktion als in dem Gesang vortreffliche Senesino seinen wichtigen Anteil an diesen wunderbaren Eindrücken der Zuhörer gehabt habe. Denn durch nachdrückliche Gebärden in der Vorstellung haben viele Ausführungen, die sonst wenig oder nichts bedeuten, sich nicht nur leidlich gemacht, sondern sind auch sehr wohl aufgenommen worden. Insbesondere mögen dem Frauenzimmer die Verdienste des Senesino mehr in die Augen fallen, als die des Händel. Vielleicht mögen sie. Dass auch alles vom Komponisten abhängig sein sollte, bin ich zu bejahen ebenso entfernt, als dass ein anderer Tonmeister einen Sänger dieser Art mit gleichem Vorteil hätte aufstellen können. Mein unparteiischer und wohl befugter Richter mag erwägen, ob die ganze musikalische Welt im Stande gewesen sei, dem Senesino eine solche Arie in den Mund zu legen, als Ombra cara in der Oper, von welcher hier die Rede ist.

Durch diesen glücklichen Fortgang kam das verabredete Vorhaben zur Reife und die Akademie zustande. Denn auf einmal ließ die Sache sich nicht heben, zumal eine beträchtliche Anzahl großer Leute sich bemüht hatten, Buononcini und Attilo ins Land zu bringen. Sie wollten also diese Fremdlinge nicht im Stich lassen, weil sie in ihrer Profession auch wirkliche Geschicklichkeiten besaßen. Vielleicht lief der Streit von beiden Seiten zu solcher Höhe, als ob der Gegenstand etwas viel Wichtigeres beträfe, wiewohl ich auch mit denen nicht eines Sinnes bin, die ihn gar für unwichtig halten und als lächerlich anzusehen. Diejenigen, welche die Aufrechterhaltung der alten Komponisten (*mit diesem Namen werden Buononcini und Ariosti belegt. Der Übersetzer*) als eine Ehrensache betrachteten und selbige wirklich dem Händel vorzogen, oder die es einem Mangel der Menschenliebe zuschrieben und zum Unrecht zählten, solche Leute abzuschaffen, nicht, weil sie zum Dienst etwa ungeschickt waren, sondern weil ein Fremder angekommen war, den man für geschickter hielt, hatten gewisslich ein Recht, sich ihrer Verteidigung mit Ernst anzunehmen zu einer Zeit, da es ihnen so sehr an Beistand fehlte.

Die anderen aber mögen sich gegenseitig eben sowohl zum Widerstand vereinigen, weil sie der großen Überwichtigkeit des Händels festiglich versichert waren und es der Nation zur Ehre deuteten, die berühmtesten Künstler zu ihren Diensten anzuwerben. Die Alten, sagten sie, wären nicht berechtigt, sich über dergleichen Vorzüge zu beschweren, so lange sie während der Zeit ihrer Dienste, richtig bezahlt würden. Wenn die Streitigkeiten mit Hitze und Gewalt fortgeführt werden, nimmt man es gemeinhin für etwas Ausgemachtes an, dass beide Teile Unrecht haben. Dennoch sind solche Eigenschaften, die ihrer Wirkung nach ernstlich so unangenehm fallen, oftmals am Ende desto heilsamer. So schlecht als auch die Sachen in solchem Fall anzusehen sind, könnten sie doch wohl ohne Streitigkeit noch schlechter werden. Denn dieses heftige Nachforschen und hitzige Widersprechen, um das Beste vorzüglich zu erwählen, bringt uns auf die Spuren, in allen Dingen das Vollkommenste auszulesen. Wenn wir die Flamme der Nacheiferung in den Gemütern der Künstler anfachen, so trägt sie zum Anwachsen der Kunst ein Großes bei. Benehmt ihnen diese Triebe der Leidenschaften, so hat es mit Patrioten, mit Poeten und Virtuosen ein Ende.

Es möge also der Nutzen des Zankens alles daher entstehende Ungemach vielleicht vergüten. Wo aber nicht, so ist die Haderkunst ohne Entrüstung besorglich viel zu schwer, dass sie auch die größten Höfe lehren und ausüben könnten. Aber ich fahre aus dem Gleise.

So sahen demnach die Sachen im Jahre 1720 aus, zu der Zeit, da Radamisto aufgeführt wurde. Der folgende Winter brachte diese musikalische Unordnung ins Feine. Damit nun aller Zwiespalt aufgehoben würde, beschloss man, es darauf ankommen zu lassen, dass sich die verschiedenen Parteien zu einer neuen Oper bequemten, darin ein jeder der Kompetenten eine Handlung verfertigen sollte. Wer nun durch allgemeinen Beifall die besten Proben seiner Geschicklichkeit darlegen würde, sollte im Besitz des Hauses gesetzt werden. Der Vortrag ward genehm gehalten. Ob aus Willkür oder aus Not, das kann ich nicht sagen. Der Ausgang erfüllte das Erwarten Händels und seiner Freunde. Seine Handlung war die letzte und ihr Vorzug so offenbar, dass nicht der geringste Vorwand zu fernerem Zweifel oder irgend einer Widerrede übrig blieb. Ich hätte erwähnen sollen, dass da ein jeder seiner Handlung eine eigene Ouvertüre vorsetzte, sich die Sache schon bloß durch Händels seine selbst entschieden ließ. Die Oper aber hieß Muzio Scävola. Wir haben ihrer bereits auf einer vorherigen Seite gedacht.

Da die Akademie nunmehr festgestellt und Händel zum Komponisten erkoren war, gingen die Sachen neun bis zehn Jahre glücklich von Statten. Und dieser Zeitlauf kann mit Recht den Namen musikalischer Herrlichkeit führen. Wir mögen die Werke oder die Werkmeister betrachten, welche ganz gewiss zu keiner Zeit, auch in keinem Lande, verbessert oder übertroffen werden konnten. Die Namen und Jahre der in dieser merkwürdigen Zeit aufgeführten Opern sind im Anhang nachzuschlagen.

Das gültige Ansehen, welches Händel bei den Sängern und der ganzen Bande zu behaupten wußte, oder vielmehr die Unterwürfigkeit, worin er sie hielt, hatte mehr zu bedeuten, als man sich einbildet. Es waren die vornehmsten Mittel, Ordnung und Wohlstand zu beobachten, Einigkeit und Ruhe zu verschaffen, die selten in solchen Gesellschaften lange zu dauern pflegen. Wahr ist, dass alle Sozietäten, wie der natürliche Leib, in ihrer eigenen Bildung und Einrichtung bereits den Samen ihrer Auflösung hegen. Dies erfolgt entweder früher oder später, nachdem solcher Same durch verschiedene Ursachen befördert oder zurück gehalten wird.

Senesino, der seit seiner ersten Ankunft tiefe Wurzeln geschlagen hatte und in der Gunst derjenigen, die bei allen gesitteten Völkern das Recht der Herrschaft besitzen, sehr gewachsen war, fing nun an, seine Stärke und Wichtigkeit zu fühlen. So gar, dass ihm alles, was bisher für ein rechtmäßiges gegolten, anitzo in einem Lichte offenbarer Tyrannei vorkam. Sobald Händel merkte, dass dieser weniger Gefälligkeit und Gehorsam bezeigte, nahm er sich vor, solche italienische Feuchtigkeiten nicht durch gelinde, sondern durch beißende Mittel auszuführen. Säuberlich zu verfahren, schien verächtlich. Und mit Trotz versuchte er es vergeblich. Auf die eine Art vermehrte sich die Widerspenstigkeit beim Senesin, und auch die andere Art lief es bei Händel auf Schmähen hinaus. Kurz, die Sachen waren so weit gekommen, dass keine Hoffnung zum Vergleich mehr da war. Wer hierin Recht oder Unrecht hatte, davon ist mir nichts bekannt. Wie es auch darum sein möge, wollte doch der hohe Adel dem Händel darin nicht beistimmen, dass er den Senesin abschaffen sollte und Händel blieb hergegen fest entschlossen, fernerhin mit ihm nichts zu tun zu haben. Faustina und Cuzzoni, als vom Übel der Uneinigkeit angesteckt, wollten auch jede für sich regieren und brachten ihre Anforderungen mit Heftigkeit und Schärfe an, wodurch eine gänzliche Zerrüttung unter ihnen entstand.

Also war es mit der Akademie auf einmal aus, nachdem dieselbe in einem blühenden Zustande über neun Jahre verharret hatte.

Der ehemalige gekrönte Hofpoet, welcher bisweilen auf possierliche Einfälle geriet (denn es hat auch die Dummheit ihre Wechseltage), machte sich über dieses, so zu nennende, musikalische Handgemenge sehr lustig. Die unglücklichen Wirkungen desselben bei der Vermählung des verstorbenen Herzogs von Parma beschreibt er mit demjenigen spitzfindigen Scherz und der angeborenen Possenreißerei, die ihm zeitlebens beiwohnten. Er hält es für etwas Abgeschmacktes, den Narren an italienischen Sängern zu fressen und die von ihnen verursachten Kosten und Mühen nennt er ausschweifend und lächerlich. Den Titel von teuren Kanarienvögeln legte er ihnen bei und über ihr oben erwähntes Betragen bei der parmesanischen Vermählung führt er folgende Klage: „Schade ist es, dass diese hartnäckige Musikjungfern und Gesellen sich nicht gebrauchen ließen, einem marokkanischen Hofe aufzuwarten, wo man keine gute Oper von einer schlechten unterscheiden kann. Ein solcher afrikanischer Direktor würde sie gar leicht in bessere Ordnung gebracht haben." Hätte unser Dichter aber Händels hohen Geist eingesehen, er würde diesen Leuten keinen schärferen Befehlshaber anpreisen, als ihn. Wahr ist es, sie empörten sich und rebellierten endlich gar. Aber die Sklaven der asiatischen und amerikanischen Monarchen haben es oft eben so schlimm gemacht. Händel geriet eines Tages mit der Cuzzoni in Wortstreit, weil sie die Arie Falsa Imagine in der Oper Ottone nicht singen wollte. „Oh Madama" sagte er „je sçais bien que vous êtes une véritavle Diablesse, mais je vous ferai sçavoir, moi, que je suis Beelzebub, le Chef des Diables." Ich weiß wohl, dass ich Beelzebub, der Teufel Obrister bin. Darauf fasste er sie mitten um dem Leib und schwor, er wolle sie aus dem Fenster werfen, wenn sie weitere Worte machen würde. Man bemerke, dass an einigen Orten Deutschlands dieses Fensterwerfen ehemals zur Bestrafung oder Hinrichtung der Missetäter im Gebrauch gewesen als ein Prozess, der mit dem tarpejanischen Felsensturz in etwas überein kam und vermutlich daher seinen Ursprung genommen hat (*Diese heldenmütige Tat ist ohne Zweifel von hinten zu geschehen. Wer kann solchen Frauen und ihren Klauen von vorn trauen? Die don quichotische Erzählung und sinnreiche Anwendung auf den tarpejanischen Felsen, auf dem Kriminalprozess & zeugen von des Verfassers großer Belesenheit in Rechtssachen und ihren Geschichten. Wer ehrbar dabei aussehen kann, dem steht es wohl an. Insbesondere einem Deutschen, er es besser weiß und phlegmatisch ist. Der Übersetzer*). Er blieb indessen unbeweglich bei seinem Entschluss, den Senesino deswegen zu strafen, dass er ihm den Respekt versagte, welchen er zu empfangen gewohnt war und wozu er groß Recht zu haben vermeinte. Wäre er aber hierbei ein wenig geschmeidiger gewesen, würde ihn solches sehr viele Ungelegenheiten erspart haben. Die durch die Abschaffung eines solchen Sängers frei gewordene Stelle war nicht leicht zu füllen. Das Misstrauen, welches er durch seine unversöhnliche Empfindlichkeit bei vielen des hohen Adels erweckt hatte, wegen einer Person, deren Gaben so sehr bewundert waren, schien ihm einen gefährlichen Widerstand zu erregen. Denn ob er gleich auf dem Heumarkt zu spielen fortfuhr, verursachten diese hitzigen Entrüstungen, dass sich ein großer Teil der Zuschauer verlor. Neue Sänger mussten gesucht werden und waren nicht näher als in Italien anzutreffen. Solche auszusuchen und anzunehmen, das konnte durch keinen Abgeordneten verrichtet werden. Und indessen würden sich die Beleidigten der Gelegenheit, Zeit seiner Abwesenheit, zu ihrem Vorteil und seinem Schaden bedienen.

Trotz all dieser Widerwärtigkeiten ging er doch geradewegs nach Italien, sobald er sich mit dem Unternehmer Heidecker verglichen hatte, dass die Opern unter ihrer beiderseitigen Namen in Kompagnie fortgesetzt werden sollten. Dieser Vergleich wurde auf drei Jahre geschlossen und so eingerichtet, dass er jährlich aufgehoben werden konnte.

Bei seiner Ankunft in Rom empfing er von dem Kardinal Colonna einen freundlichen und verbindlichen Brief, dadurch er ihn zu sich mit dem Versprechen einlud, ihm das sehr schöne Portrait Seiner Eminenz zu schenken. Wie er aber vernahm, dass der Prätendent damals beim Kardinal zugegen war, verbat er sich klug die Einladung und das Bildnis.

Nach einem kurzen Aufenthalt in Italien kam er zurück und brachte Strada, Bernachi, Fabri, Bertoldi und andere mit sich. Als nun so die Sache auf eine neue Grundlage gesetzt worden war, fuhr er mit Heidecker zwar in vereinigten Kräften fort, aber nicht mit solchem gleichen und gewünschten Winde, der ihm die neun vorherigen Jahre hindurch so sanft und angenehm in die Segel geblasen hatte. Denn seit der Trennung auf dem Heumarkt, welche durch die Uneinigkeit mit den Sängern entstanden war, hatte der hohe Adel eine neue Unterschreibung zu einer anderen Oper in Lincolns-Inn-Fields zuwege gebracht, darin die Sänger und Komponisten nach eigenen Gefallen zu wählen berechtigt waren. In dieser Absicht ließen sie Porpora, Farinelli und andere berufen. Der Erste hatte verschiedene Kantaten verfertigt, die sehr bewundert wurden und allen denen, die sich seiner bedienten, großes Vergnügen gaben. Der Letzte aber nahm die Herzen aller Zuhörer mit seiner vortrefflichen Stimme ein, welche er mit großer Geschicklichkeit zu seinem Vorteil zu führen wußte. Obgleich nun Händel diese Widersetzung mit geduldigem Geiste und gesetztem Gemüte zu ertragen schien, fühlte er doch bald ihre Wirkung und wagte es allein, seine Opern auf dem Heumarkt noch ein Jahr lang auf eigene Kosten fortzusetzen, nachdem die drei Kompagniejahre mit Heidecker zu Ende gegangen waren. Da er aber befand, dass ihm dieser Versuch gar nicht geraten wollte, verließ er den Heumarkt, und da seine Gegner von demselben alsbald Besitz nahmen, bezog er ohne Verzug das erledigte Theater zu Lincolns-Inn-Fields. Er währte aber nur kurze Zeit, denn er sah wohl, dass die Flut der Widerwärtigkeiten nunmehr auf das Höchste gestiegen und seine Stärke, so überwiegend sie auch sein mochte, sich derselben entgegen zu setzen nicht hinreichte. Der Vorgeschmack, welchen er bereits von diesen Unfällen und Drangsalen empfand, verminderte merklich das Vertrauen in sich selbst, so sein bisheriges Glück unterstützt hatte. Er betrachtete, dass es nicht allemal notwendig auf große Geschicklichkeit ankomme und dass auch die größten Verdienste, wenn sie nicht von der Klugheit begleitet werden, in denen menschlichen Gemütern und Meinungen fast nichts bedeuten. (*Hierher gehört das britische Sprichwort „Gebt einem Menschen Glück und werft ihn in die Themse."*

Der Übersetzer). Es ist ein vornehmes Stück der Klugheit, wenn wir unsere Neigung, bei irgend einer vorfallenden Prüfung bezwingen können. Nehmlich ein solches Stück, welches, die Wahrheit zu sagen, Händel nimmer ausübte, noch Werks davon machte. Durch solche Unterlassung nun war er in unglückliche Zufälle verwickelt, die ihn zwar noch ein anderes Stück der Klugheit lehrten, sofern es so genannt werden mag, welches er jedoch nimmer hätte in Übung bringen, noch Werks davon machen sollen. Nämlich, dass er auf Kosten seiner Kunst die Gewinnsucht zu Rate zog.

Er begab sich also mit seinen Sachen nach Coventgarden und trat in Gesellschaft mit Rich, dem dortigen Hausherrn. Inzwischen waren Hasse und Porpora die Komponisten auf dem Heumarkt. Wie Hasse her verschrieben ward, lautete seine erste merkwürdige Frage: „ist Händel tot?" Als man ihm nun mit Nein antwortete, wollte er gar nicht kommen, sondern hielt dafür, wo sein Landsmann sei, denn sie waren beide Sachsen von Geburt, da könne so leicht niemand von einerlei und derselben Profession, in Aufnehmen geraten.

(Das kommt mit unserer gleich Anfangs gemachten Anmerkung überein. Hasse ist in Bergedorf, einem zu Hamburg und Lübeck gemeinschaftlich gehörenden Städtchen, geboren, folglich ein Niedersachse in der besten Form. Händel aber ist ein Magdeburger, wie oben erinnert worden, folglich ebenfalls ein Niedersachse. Denn Halle liegt im Magdeburgischen, welches zum niedersächsischen Kreise und dem König von Preußen gehört. Mit der Ursache aber, warum diese beiden Sachsen einander nicht ins Gehege kommen wollten, hat es eine ganz andere Beschaffenheit, als unser Biograph vorgibt. Der Übersetzer).

Er könnte nicht glauben, dass in einem Lande, dessen Einwohner allemal wegen ihres ausnehmenden Verstandes berühmt gewesen, einen solchen Künstlers, als Händels, Kredit und Ansehen jemals geschwächt werden würde. Man benahm ihm aber diese Beisorge auf eine solche Art und fügte der Auslegung solche gewisse gute Bedingungen bei, die ihm endlich kein ferners Bedenken überließen, die Bedienung anzunehmen. Seine Sätze sind, wegen ihrer erhabenen Sangweisen, merkwürdig, zu deren Unterstützung er kaum den Schein der Vollstimmigkeit gebrauchte. Dieses kann nicht nur von Hasse insbesondere als ein Abzeichen genommen, sondern mag auch von den Italienern unserer Zeit also verstanden werden. Weil sie nun dergestalt wider Händel zu Felde lagen, sah dieser das singbare Wesen in seinen Gegnern mit sehr gleichgültigen Augen an und hielt es nicht für einen Mangel, wenn es gleich daran fehlte. Er trieb es mit der Verachtung so gar weit, dass er sich bemühte, ihnen so ungleich zu werden, als nur immer möglich sei. Er hätte je seine Gegner mit ihren eigenen Waffen überwinden können, allein, er entdeckte, dass der beleidigte und in Vorurteilen steckende Teil seinen Sieg nimmer gestanden haben würde, wenn er auch noch so entscheidend gewesen wäre. Und dass seine neuen Freunde, weil sie die Eigenschaft und den Gebrauch solcher Waffen nicht inne hätten, die Victorie keineswegs gemerkt haben würden, wenn sie gleich zu Tage läge. In diesen Gedanken verfiel er nach und nach auf die eingeschränkte und seltsame Liebe der eigentlichen Harmonie, die ihn oft so weit brachte, dass er die Melodie schier ganz vergaß. Selbst in solchen Dingen, da sie am meisten gelten sollte, vornehmlich in der Singekunst. Eine weitere Nachricht von den Ursachen und Folgen dieser Nachlässigkeit wird sich in meinen Anmerkungen über seine Werke finden lassen.

Im Sommer 1733 tat er eine Reise nach Oxford, weil an dortiger Universität eine öffentliche Promotion angesetzt war, bei welcher Gelegenheit er sein Oratorium Athalia aufführte, so eigentlich zu dieser feierlichen Begehung bestimmtet worden. Durch solche Mittel wurde der Verlust, welchen er an seiner Kasse erlitten hatte, in etwas ersetzt und sein guter Name desto mehr befestigt. Im folgenden Winter erschien seine Ariana in Coventgarden, da indessen auf dem Heumarkt auch eine von Porpora komponierte Oper gleichen Namens gespielt wurde. Eben desselben Polyphemo und der Artaxerxes von Hasse fanden bald darauf großen Beifall am letztgenannten Ort. Ob nun gleich Händel einige gute Sänger hatte, war doch keiner von ihnen mit Farinell zu vergleichen, der alle Welt zu sich nach dem Heumarkte hinzog, und es ließ sich bald spüren, dass der Engländer Neigung zur Musik nicht stark genug war, zwei Opern auf einmal zu unterhalten. Von anderen Klassen, außer dem hohen Adel, fanden sich wenige, die so viel vom Italienischen verstanden oder von ihrer Kompositionsart, dass sie selbige etwa mit sonderbarem Vergügen hätten anhören mögen. Die vom Mittelstande und niedrigeren Orden, welche die Nachäffung und Neugier anfänglich nach Coventgarden hingezogen hatte, wie sich erst die Gesellschaft mit Rich allda hervortat, fielen nach und nach ab. Seine Unkosten zur Anschaffung der Sänger und anderer Bereitschaft erstreckten sich sehr weit, der Gewinn aber ließ sich mit ihnen gar nicht vergleichen. Anstatt dass er also, nach verflossenen drei oder vier Jahren, sein Vermögen so vermehrt haben sollte, wie man es von seiner Sorgfalt, von seinem Fleiß und von seiner Geschicklichkeit mit Recht erwartete, sah er sich vielmehr genötigt, fast alle seine Kapitalien aufzukündigen und einzuziehen, um seine

Schulden abzutragen. Dieser schlechte Ausgang hub anitzo alle musikalischen Ergötzlichkeiten in Coventgarden auf und spielte fast auch mit dem Urheber selbst das Garaus. Die Heftigkeit seiner hierbei bezeigten Entrüstung machten die Wirkung des Unfalls desto schrecklicher.

Dass selten ein Unglück allein kommt, ward bei Händel als ein bewährter Spruch empfunden. Sein Verlust erstreckte sich nicht nur über sein Geld und Gut, sondern auch über seinen Verstand und über seine Gesundheit. Sein rechter Arm war vom Schlage unbrauchbar geworden, und wie sehr ihm zu gewissen Stunden auf lange Zeit die Sinne verrückt gewesen, davon sind hundert Beispiele vorhanden, die sich besser zum Verschweigen als zum Berichten schicken. Die gewaltigsten Abweichungen der Vernunft lassen sich am gewöhnlichsten spüren, wenn die stärksten Geistesgaben selbst aus ihren Schranken getrieben werden.

Während dieses melancholischen Zustandes war es ihm schlechterdings unmöglich, auf neue Wege zur Verbesserung seiner Glücks bedacht zu sein. Seine vornehmste Sorge ging also auf die Schwachheiten des Leibes. Ob ihn nun gleich die besten Ratgeber nicht ermangelten und ihm die Notwendigkeit, ihnen zu folgen, auf die freundlichste Art beigebracht wurde, kostete es doch viel Mühe, ihn dazu zu bringen, dass er tat, was heilsam schien, sobald nur die geringste Unannehmlichkeit dabei vermacht war. Man fand es demnach fürs Beste, dass er seine Zuflucht zu Schwitzbädern in Aix la Chapelle (Aachen) nehmen sollte, in welchen er dreimal so lange saß, als sonst gebräuchlich ist. Wem die Eigenschaften solcher Bäder bekannt sind, der wird sich in diesem Fall einen Begriff von Händels seltsamer Leibesbeschaffenheit machen können. Sein Schweiß war übermäßiger, als sich es jemand einbilden kann. Die Kur, in Erwägung sowohl der Art als Geschwindigkeit, mit welcher sie geschah, wurde von dortigen Nonnen für ein Wunderwerk gehalten. Wie sie ihn nach Veranlassung des Bades nicht nur in der Haupt- sondern auch in der Klosterkirche die Orgel spielen hörten, kunstvoller, als sie es jemals gewohnt waren, schien ein solcher Wunderschluß bei solchen Leuten natürlich genug zu folgen. Obgleich nun alles verrichtet und seine Gesundheit durchaus als wieder hergestellt beurteilt ward, fand er es doch ratsam, noch etwa sechs Wochen in Aix zu verharren, welches gemeinhin die kürzeste Zeit ist, die man zur Heilung verzweifelter Krankheiten auszusetzen pflegte.

Bald nach seiner Wiederkunft in London anno 1736 wurde sein Alexanders Fest in Coventgarden aufgeführt und wohl aufgenommen. Nach langer übler Haushaltung und verschiedenem Missverständnisse auf dem

Heumarkt schien es um das Ansehen des dortigen Schauplatzes ganz und gar getan zu sein. Lord Midlesex aber, dem sehr danach verlangte, die Opern wiederum in ihrem vorigen Glanze zu sehen, übernahm die Aufsicht derselben und wandte sich an Händel als der geschicktesten Person, solche mit solche mit Komfüsitionen zu versehen. Er machte auch zwei Opern für besagten Lord, Faramondo und Allesandro Severo. Die letzte war ein Pasticcio (*Die Italiener nennen ein aus vielerlei Meistern zusammengesetztes Singspiel ein Pasticcio oder eine Pastete. Der Übersetzer*) und ist sowohl, als die erste im Jahr 1737 aufgeführt worden. Seine Belohnung dafür bestand aus fünftausend Thalern. Wäre er nun geneigt gewesen, im geringsten etwas nachzugeben, so würden seine Freunde leicht ein Mittel zur Versöhnung zwischen ihm und seinen Widersachern gefunden haben. Ein jeder wäre froh gewesen, ihn wider auf dem Heumarkt zu sehen, denn es schien zu dieser Zeit, als ob alle Quellen der Opernmusik zur Neige geraten und vertrocknet wären. Seine bekannte Geschicklichkeit, der gegenwärtige Zustand, da man derselben notwendig bedurfte, die Erinnerung seines Verlustes und Verdrusses, die Länge der Zeit selbst, welche viele wichtige Dinge, folglich auch seine persönlichen Empfindlichkeiten verzehrt, kurz: alles schien dahin zusammen zu laufen und nichts zu fehlen, seine künftige Glückseligkeit zu versichern, ausgenommen ein solches Gemüt, das bei vorfallender guten Gelegenheit einigermaßen zu weichen geneigt wäre.

Man kann aus einem einigen Beispiel, da für ihn auf dem Heumarkt im Jahre 1738 eine Opernsammlung geschah, aus welcher er, wie man sagte 7.500 Rheinthaler zog, leicht abnehmen, wie weit er es in Verbesserung seines Zustandes hätte bringen können. Allein die Verbindlichkeiten durch Unterschreibungen waren ihm dermaßen zuwider, dass er schlüssig ward, seine Sachen künftig auf einen ganz anderen Fuß zu setzen. Der sichtbarste Vorteil vermochte ihn nicht dahin zu bringen, dass er denen ein gutes Wort hätte geben sollen, von welchen er beleidigt und unterdrückt zu sein glaubte. Mit diesen stolzen Gedanken angefüllt, begab er sich wieder nach Coventgarden, wo er noch etliche Opern machte, deren Namen im Verzeichnis zu finden sind. Weil er aber merkte, dass der Geschmack seiner Zuhörer von Natur diese Kompositionsart nicht mehr vertragen konnte, führte er eine andere ein, die sich besser zu der angeborenen Ernsthaftigkeit und Gründlichkeit der Engländer schickte, unangesehen dieselbe aus dem Concert spirituel (geistlichem Konzert) unserer flüchtigen Nachbarn auf dem festen Lande entlehnt war (*Als eine nur kleine Probe der Verbosität können diese zwölf Silben dienen, dazu man nur drei bedurfte: nämlich Franzosen. Perspicuitas ubi es? Der Übersetzer)*. Esther war ursprünglich für den Herzog von Chandois gemacht, etwa ein Jahr nach Acis und Galatea. Nachdem diese Serenata zu Cannons aufgeführt worden, ließ man sie auch in dem Hause, zur Krone und zum Anker (*Ein Gast- oder Wirtshaus. Der Übersetzer*) hören. Und hieraus sind zuerst, wie man sagt, Moden entstanden, Oratorien ins Theater zu bringen. Weil demnach die allermerkwürdigsten Personen, Vorfälle und Begebenheiten, deren die heilige Schrift gedenkt, in besagten feierlichen Gedichten vorgestellt werden sollen, wäre es freilich ihren Eigenschaften gemäß, dass sie sowohl agieret als gesungen und gespielt würden. Allein das heilige Gedränge in den Sachen, wovon sie handeln, wollen einige in ihrer Meinung bestärken, dass es schier, auch so gar sie in die Musik zu bringen, einer Entheiligung nahe komme. Was nun diesen Gedanken einen Zuschub gab, war vermutlich die Erwägung, dass die meisten Vorträge, welche zu den Opern dienen, aus weltlichen und fabelhaften Nachrichten geflossen sind. Und obgleich der Musik vergönnt sei, ihren Beistand auch denjenigen Orten zu leihen, wo Gottes Ehre wohnt, wäre es doch, meinten sie, eine gefährliche Neuerung, wenn man ihr das Vorrecht zustehen wollte, dass sie auch förmliche Glaubensartikel in Gast- und Wirtshäusern bearbeiten möge. Es käme eben so heraus, als ob man einen Bund machen wollte zwischen zwei Dingen, die nach gewöhnlicher Betrachtung einander natürlicher Weise zuwider wären, nämlich Kirche und Schaubühne. Zu den Zeiten, da eingeschränkte Begriffe gebräuchlicher wären als derzeit und da auch so gar kluge Leute sich mehr vom äußerlichen Schein als von Gründlichkeiten regieren ließen, würde man durchaus keine Oratorien geduldet haben. In erwähnten glücklicheren Zeiten war der Einfluss solcher Vorurteile doch in der Tat noch nicht stark genug, uns von besagten schönen und edlen Vorstellungen auszuschließen, nun aber hat derselbe mehr Kräfte bekommen, dieselben wohl gar zu verderben. Denn, sind nicht eben Gründe, wodurch die Oratorien zugelassen werden, auch mächtig genug, ihre wirkliche Aktion oder persönliche Vorstellung zu rechtfertigen?

Würden nicht die Bewegungen und Gebärden, wenn sie mit der Sache und den Worten überein kämen, auch in solchen Kleidungen, die sich zu dem Stande einer jeden Person schickten, der ganzen Vorstellung mehr Nachdruck und Vollkommenheit geben, folglich die Ergötzlichkeit viel vernünftiger und erbaulicher machen? Esther und Athaliah von Racine, welche von Lülly in die Musik gebracht und auf Befehl der

Maintenon im Kloster zu St. Cyr aufgeführt worden sind, hatten alle die Erfordernisse und Vorteile einer theatralischen Nachahmung. Es ist wirklich an dem, dass die besten Werke, in sofern sie eigentlich dramatisch sind, ohne Beihilfe einer gemäßen Aktion und geschickten Kleidung notwendig einen solchen beträchtlichen Teil ihrer Stärke, Lebhaftigkeit, Deutlichkeit und ihres Geistes verlieren müssen, die uns nur eine völlige und mit allen gehörigen Umständen versehene Vorstellung vor Augen legen kann. So lange nun keine ungereimte Charaktere dabei eingeführt werden, welches leicht zu vermeiden ist, kann man sich schwerlich einbilden, wass denn doch für andere Ungelegenheit aus der fernen Vergünstigung, für welche hier gestritten wird, entstehen könne? Doch sei dieses alles, mit gänzlicher Unterwerfung, den gehörigen Richtern zur Entscheidung anheim gestellt.

Im Jahre 1732 oder 1733 waren Esther und Debora auf dem Heumarkt mit gutem Beifall aufgeführt worden, ja mit besserem Fortgange als in Coventgarden, wie er daselbst einige wenige Jahre hernach, mit ihnen versuchte. Es scheint, Händel habe nicht genug bei sich überlegt, was er für Gefahr bei diesem neuen Unterfangen laufen möge. Die Entlegenheit des besagten Coventgardens von jenen Teilen der Stadt, wo sich der hohe Adel vornehmlich aufhält, die Überbleibsel der noch nicht gedämpften, obgleich etwas geschwächten Gegner, die Schreib- und Singart der Oratorien, die jedermann noch nicht recht zu fassen vermochte – diese und vermutlich einige andere Ursachen, mögen wohl anfänglich seine Anschläge rückgängig gemacht haben. Weil er aber schon zu sehr gewohnt war, Widerwärtigkeiten zu ertragen, ließ er sich nicht abschrekken, sondern fuhr mit diesen Konzerten, welche sich vortrefflich zu den Jahreszeiten schickten, darin sie gehalten wurden, getrost fort bis zum Anfang des 1741ten Jahres. Allein, da gewannen seine Sachen abermals ein so schlechtes Ansehen, dass er es für nötig befand, eine neue Wanderschaft zu versuchen. Er hoffte diejenige Begünstigung und Aufmunterung in einer entlegenen Hauptstadt anzutreffen, welche ihm London zu versagen schien, als woselbst auch gar sein Messiah, ein so genanntes Oratorium, sehr kaltsinnig aufgenommen worden war. Entweder war die Empfindung musikalischer Vortrefflichkeit so geschwächt oder die Macht der Vorurteile so angewachsen, dass alles Bestreben seines unvergleichlichen Geistes und Fleißes nicht anschlagen wollte.

Dublin ist allemal berühmt gewesen wegen seines ergötzlichen und prächtigen Hofes, wegen seines Reichtums und Verstandes seiner vornehmsten Einwohner sowohl, als wegen der Tapferkeit seiner Kriegsbedienten und absonderlich wegen seiner sinnreichen Gelehrten. Von einem Ort, wo solche Dinge schätzbar waren, machte er sich die Rechnung, dass er sich den Weg zum Vorteil nicht besser bahnen könnte, als wenn er zum Anfange ein rührendes Beispiel gemeinnütziger Handlung von Großmut und Wohltätigkeit gäbe. (*L. sagte:: „es gehöre mehr als ein bloßer Reimer zu solcher Übersetzung aus dem Stegreif." Sed ego con credulus istis. Der Übersetzer*). Den ersten Schritt tat er also in Dublin damit, dass er den Messiah zum Nutzen der Gefangenen in den Stadtkerkern aufführte. Ein solches Unternehmen zog nicht allein die Liebhaber der Musik sondern auch alle Freunde der Menschlichkeit herbei. Im Oratorium selbst lag schon ein gewisser Antrieb verborgen und Händels Zustand gab diesem einen gütigen Zusatz. Durch seine Reise nach Dublin, woselbst er zwischen acht und neun Monate zubrachte, wurden seine Sachen auf besseren Fuß gesetzt. Er war so willkommen, dass nicht nur daraus erhellte, was die Irländer von seinen außerordentlichen Verdiensten hielten, sondern auch, dass andere diesseits der See, die sich wider ihn hatten anwerben lassen, deswegen einen heimlichen Verweis bekamen. Herr Pope hat ihm im vierten Buche seiner Dunciade etwas hiervon angeführt. Er stellt ein elendes Gespenst in Gestalt heutiger italienischer Opern vor, welches große Furcht zu erkennen gibt, und der Dummheit, die schon ihrer eigenen Sicherheit halber genugsam bekümmert war, dabei aufträgt, dem Übel vorzukommen. Die poetischen Zeilen sind zwar wohl bekannt, verdienen aber doch wegen ihrer besonderen Malerei allhier ein Plätzchen. So lauten sie:

But soon, ah soon, rebellion will commence,
If music meanly borrows aid from sense:
Strong in new arms, lo! giant Handel stands,
Like old Briarius with his hundred hands;
To stir, to rouse, to shake the soul he comes,
And Jove's own thunders follow Mars's drums.
Arrest him, empress; or you sleep no more,
She heard, and drove him to the hiberian shore.

Bald aber, ja, sehr bald wird Meuterei entspringen,
Wenn Tonkunst die Vernunft zur Hilfe rufen muß:
Dem Riesen, Händeln, wirds in neuen Helm gelingen,
Mit hundert Händen, seht! da steht Briarius;

Er kommt, er weckt, er rührt und will die Seel erschüttern,
Der Donnerkeil muss selbst vor Martis Trommel zittern.
Halt in, oh Kaiserin; sonst liegst du schlaflos da,
Sie hörts, und treibt ihn bis in Hibernia.

(*On a beau être génereux & liberal, quand il n'en coute que des chansons & que d'autres payent les violons, c'est en bon allemand: Mit der Wurst nach dem Schinken werfen. Der Übersetzer*).

Bei seiner Rückkehr nach London im August 1742 waren die meisten Gemüter schon geneigter für ihn. Daher hub er gleich mit seinen Oratorien wieder von neuem in Coventgarden an. Das erste Stück hieß Sampson (Simson). Und zu der Zeit, um mich der nachdrücklichen Worte des Tacitus zu bedienen, hatte man Ursache zu sagen: Blandiebatur coeptis fortuna / das Glück schien ihn vielmehr zu schmeicheln und zu liebkosen, als aufzuhelfen und zu unterstützen. Diese Wiederkunft war seine güldene Zeit. Zwar bekam er im Jahre 1743 noch einen gichtbrüchigen Anfall und geriet auch im Jahr darauf in schwere Ungnade einer gewissen alamodischen Dame, die alle ihre Kräfte anspannte, ihm neue Feinde zu erwecken. Allein, die Welt konnte nicht lange in dem Glauben verharren, dass ihre Kartengesellschaften zur Fastenzeit sich wohl schickten, als seine Oratorien. Es ist unnötig, sich bei besonderen Umständen aufzuhalten, deren sich ein jeder noch leicht erinnerte oder solche Dinge haarklein zu erzählen, die durchgehends bekannt sind. Genug, wenn man nur der merkwürdigsten Sachen erwähnt: z.E. seines Messias, der vormals mit solcher Gleichgültigkeit aufgenommen worden und nunmehr ein von allen Zuhörern beliebtes Favoritenstück war. Wie es im Jahre 1741, zur Erleichterung der auf Lebenslang gefangenen, angewandt worden, so wurde es hernach dem Dienste der unschuldigsten, hilflosesten und elendesten Menschenkinder geweiht. Das Waisenhaus oder Fündlingsspital bestand schlechterdings auf einer gar mittelmäßigen Stiftung besonderer Privatwohltäter. Zu der Zeit, als diese Einrichtung noch gleichsam ihr kindliches Alter erst erreicht hatte und jedermann von dessen Nutzen überzeugt schien, auch sonst kein Zweifel mehr übrig war, als die Frage: wie es möglich wäre, solch eine Stiftung fernerhin zu unterhalten, fasste Händel den edelmütigen Entschluss, der Sache zu Hilfe zu kommen und seinen Messiah jährlich einmal zum Besten des Hospitals aufzuführen. Die Summen, welche jedes mal herauskamen, waren sehr beträchtlich und gewiss von großer Folge bei so bewandten Sachen. Was aber noch viel größer war, bestand in seinem berühmten Namen und in der gemeinnützigen Eigenschaft, die sein Drama an sich hatte. (*The magic of his name, die Hexerei seines Namens. Noten waren seine Schwarzkunst. Der Übersetzer*). Hierdurch ward eine unsägliche Menge hohen und niedrigen Adels angetrieben, sich nach dem Hospital zu begeben, und viele, die sich vorhin lediglich mit dem Beifall solcher Anstalten vergnügt hatten, bestrebten sich hernach mit Ernst und Eifer, dieselben zu befördern und zu verbessern. Durch solche Springfeder wurde die Nation auch nachdrücklicher zu demjenigen angetrieben, was und worin der eigentliche Zweck dieser Stiftung war und bestand. Daher kann man in Wahrheit behaupten, dass eines der edelmütigsten und weitreichenden Liebeswerke, die jemals durch Weisheit gezeugt und durch menschliche Frömmigkeit entworfen wurden, nicht nur seinen Fortgang, sondern auch sein Wohlergehen einigermaßen dem händelschen Schutze schuldig sei. (*Hierbei ging nichts aus seiner Tasche, vielmehr brachte es ihm Kredit, der besser ist als Geld. Der Übersetzer*). Die beglückte Anwendung dieser Erfindung seines Geistes, zu solchem wohltätigen Ende, brachte sowohl dem Künstler als der Kunst selber keine geringe sondern gleiche Ehre.

Er setzte seine Oratorien mit ununterbrochenem Beifall und mit einem Ruh, der keinen Mitbuhler zuließ, bis acht Tage vor seinem Tode fort. Das letzte Konzert dieser Art wurde den sechsten April gehalten und er starb am Sonnabend den 14ten besagten Monats im Jahr 1759. Den 20sten darauf begrub ihn Doctor Pearse, Bischof von Rochester, in der Westminster Abtei, woselbst seinem Andenken auf eigenem Wunsch und auf seine eigenen Kosten ein Grabmal errichtet werden soll.

Im Jahre 1751 beraubte ihn schon die gutta serena (der schwarze Star, wobei das Auge frisch und gesund zu sein schien) seines Augenlichts. Dieses Unglück schlug ihn eine zeitlang gänzlich danieder. Er ruhte nicht, bis er einige Operationen, die ebenso fruchtlos als schmerzhaft waren, ausgestanden hatte. Weil er aber fand, dass es ihn fernerhin unmöglich fallen würde, den Oratorien allein vorzustehen, ließ er den Herrn Smith bitten, seine Stelle mit Spielen und Aufführen zu vertreten. (*Er blieb also acht Jahre blind, bis an sein Ende. Von einer so genannten Ehrensäule und von der Summe seines übermäßigen Nachlasses wird hier nichts gemeldet, obgleich viel Redens davon gewesen ist. Der Übersetzer*).

Seine Verstandeskräfte blieben völlig unvermindert fast bis zur Stunde seines Abschieds, wie solches aus den Arien, Chören und anderen

Kompositionen erhellet, welche in Ansehung ihres Datums gleichsam als letzte Worte und Aussprüche angesehen werden können! Dieses schien um so mehr zu bewundern, wenn man sich erinnere, zu welchem hohen Grad bisweilen seine Sinne gegen Ende seines Lebens verrückt waren.

Seine Gesundheit geriet einige Monate vor seinem Sterben nachgerade in Abnehmen. Er merkte wohl, dass sich die letzten Tage heran nahten und wollte sich mit der Hoffnung einiger Besserung gar nicht schmeicheln lassen. Ein gewisser Umstand deutete sonderlich nichts Gutes an, nämlich der gänzliche Verlust seines Appetits, der ihn auf einmal überfiel und desto verderblichere Wirkung hatte bei einem Menschen, der so wie er gewohnt war, eine ungemeine Portion an Speisen und Nahrungssäften zu sich zu nehmen. Diejenigen, welche ihn deswegen getadelt haben, dass er diesen niedrigen Trieben so übermäßig nachhing, hätten billig erwägen sollen, dass die Seltsamkeiten seiner Lebensbedürfnisse ebenso groß waren, als die Gaben seines Geistes. Schwelgerei und Üppigkeit sind Begriffe, die sich auf etwas anderes beziehen, nämlich relativ auf andere Umstände außer der bloßen Quantität und Qualität. Es würde eben so unbillig sein, Händel auf gemeiner Leute Essen und Trinken einzuschränken, als einem Kaufmann in London zuzumuten, dass er seine Tafel wie in schweizer Handwerksmann besetzen sollte. Ich will ihn gar nicht von allen Vorwürfen dieser Art lossprechen, denn so viel ist gewiss, er wandte mehr Sorge darauf als sonst jemand ansteht, er sei auch wer er wolle. Es dient aber zu seiner Entschuldigung, dass er von Natur mit einer solchen weitlichen Leibesbeschaffenheit versehen, mit einem solchen auserlesenen Geschmack und mit einem solchen begierigen Hunger begabt, dass auch sein Vermögen hinreichend war, solchen Heischungen zu gehorchen und der Natur Genüge zu leisten.

So befand es sich in der Tat. Denn außer den bisher angeführten Umständen ist noch ein anderer zu seinem Behuf vorhanden: zu wissen, sein unaufhörlicher und stetiger Fleiß in den Werken der Tonkunst. Diese Arbeit erforderte beständige und reichliche Versorgung mit Lebensmitteln, um die erschöpften Geister nach Bedarf zu ersetzen. Hätte er durch Übermaß von dieser Art seiner Gesundheit oder seinen Gütern etwas abgebrochen, so wäre es ein Laster gewesen. Weil es sich aber anders verhielt, war er höchstens nur für unanständig zu halten. Es würde einer Affectation ähnlich gewesen sein, wenn man alles dieses mit Stillschweigen hätte übergehen wollen, weil so viel davon in Gesprächen und Scherzreden vorgefallen ist. Es wäre aber auch eine Torheit, sich über diesen Teil seines Lebenslaufs insbesondere weiter einzulassen, zumal solches der in vorigen Blättern enthaltenen Absicht zuwider sein würde, als welche einzig dahin gehen, dem Leser solche Zeichen seines Charakters als Mann zu geben, die gewissermaßen seinen Charakter als Künstler entdecken und erläutern können. Wir haben es für besser angesehen, dem Leser zu überlassen, dass er lieber aus der Lebensbeschreibung selbst seinen Charakter abnehme (*Wenn dieses geschähe, würden Künste und Sitten Gegensätze genug machen. Der Übersetzer*), als dass ihm derselbe hier förmlich vorgelegt werde: welches ein Gebrauch ist, der an einem Orte, wo er am meisten notwendig scheint, nämlich in Historien, noch keinen sonderlich großen Nutzen geschaffen hat. Die Wahrheit ist in dergleichen studierten Vorstellungen der Charaktere gar selten zu Rate gezogen und der beständige, einförmige Widerspruch verschiedener Eigenschaften, welche mit großem Zwang und Druck dahin gebracht werden, dass eine die andere aufhebt, macht aus den meisten eingebildeten Charakteren nichts anderes, als nur weiter ausgedehnte Gegensätze, und man wird sie kaum jemals in irgend einer einzigen Person solcher Gestalt antreffen. Dennoch aber wird diese unechte Brut der Affection und des Witzes aller Welt aufgedrungen, als käme ihr Ursprung aus der Erziehung und Natur her. Oben erwähnter Vergleich des Mannes mit dem Künstler lässt uns demnach richtig schließen, dass die Verbindung der Nachrichten von seinem Leben mit folgenden Anmerkungen über dessen Kunstwerke näher zusammen hängen, als man sich anfänglich wohl kaum eingebildet hat.

Wie weit nun jene Materialien einer ordentlichen Abfassung wert gewesen sein mögen, das lässt sich alsdann erst am besten bestimmen, wenn sie in dieser Absicht untersucht werden. Wie weit sie aber wirklich schon wohl angeordnet worden sind, das ist gar eine andere Frage, die ein jeder für sich selbst schon auflösen wird, nur mit Ausnahme dessen, der sich zu diesem Versuch hat gebrauchen lassen. Hätte er sie aber nicht mit vielem Fleiß gesammelt, so wie sie denn nun auch sind, würden solche Materialien ohne Zweifel innerhalb weniger Jahren Frist ganz verloren gegangen sein. Weiter hat er nichts beizufügen, als nur sein wohlgemeintes Wünschen, dass ein jeder Künstler, der in seiner Profession Verdienste besitzt, auch eine Person antreffen möge, die ein gleichmäßiges Verlangen hege, seinem Andenken (ohne andere zu beschimpfen, quae addo) Gerechtigkeit widerfahren zu lassen!

Die Musik

Ehe wir zur Untersuchung der händelschen Werke schreiten, wird es nötig sein, die Bedeutung einiger Wörter zu erläutern, welche bei anderen Gelegenheiten ohne sonderliche Obacht, aber vielleicht nimmer mit weniger Vorsicht gebraucht worden sind, als wenn es musikalische Dinge betroffen hat. Es wird erfordert, solche wohl zu verstehen: wir mögen nun die Gründe harmonischer Vortrefflichkeiten erklären oder ihre Gattungen unterscheiden oder deren Grade zu schätzen wollen, so müssen wir unsere Zuflucht zu diesen Ausdrücken nehmen. Eine deutliche Erkenntnis des Unterwurfs, dazu sie angewandt werden, wird uns zu ihrem wahren Verstande führen.

Die Tonkunst beruht wohl auf vorgefassten Regeln und Gründen. Es gibt gewisse Verhältnisse und Vergleichungen zwischen Klängen und ihren Wirkungen, welche stets und ordentlich durch verschiedene Vereinigung, Stellung und Verbindung hervorgebracht werden. Es ist fast überflüssig, Ausnahmen zu machen in Ansehung derer, die keine Musik lieben oder nimmer auf ihre Wirkungen Acht haben. Der Abt du Bos sagt: „Il est des hommes tellement insensibles á la Musique et dont L'oreille (por me servir de cette expression) est tellement eloignée du cœur, que les chants les plus naturels ne les touchent pas". (Man findet Leute, die bei der Musik so unempfindlich und deren Ohren - so zu reden - so weit vom Herzen entfernt sind, dass sie auch von dem allernatürlichsten Gesange keineswegs gerührt werden). Die Regeln der Tonkunst aber entspringen aus der Erfahrung und Beobachtung, welche uns lehren, was für ein Kunstgebäude oder welche Einrichtung der Klänge dem Gehör am gefälligsten sind. Ein deutlicher Begriff dieser Regeln und die Geschicklichkeit, solche klug anzuwenden, führen den Namen der Erkenntnis oder Wissenschaft. Und diese allein, ohne große Erfindung und Geschmack, kann schon einen leidlichen Setzer machen, aber wenn (beide hinzu kommen oder auch nur) eine von ihnen beitritt, wird daraus ein Meister.

Diese Meister mögen nun in zwei Sorten eingeteilt werden, nachdem ihr vornehmstes Verdienst entweder in der Erfindung oder im Geschmack besteht. Die Ersten scheinen eine lebhafte und geschwinde Ausspürungskunst reiner und bisher noch nicht wahrgenommener Verhältnisse zu besitzen, indem sie dieselben nach einer ungewöhnlichen Art oder in verschiedener Ordnung miteinander verbinden und dadurch

eine glückliche Anwendung auf besondere Unterwürfe treffen. Vornehmlich auf solche, die von wichtiger oder angelegentlicher Eigenschaft sind.

Welche nun einen erfinderischen Geist haben, die werden von den gemeinen Regeln abgehen, um uns durch Nebenwege desto mehr zu gefallen. Dergleichen Abweichungen muss man als kühne Streiche betrachten, oder als vermessene Sprünge der Phantasie. Auf Regeln sind sie nicht gegründet, sie geben aber selbst Gründe der Regeln ab.

Andererseits werden diejenigen, welche einen guten Geschmack besitzen oder eine genaue Einsicht in die kleinsten Umstände des Wohlgefallens haben, die vorigen Erfindungen schmücken, zieren und ausbessern. Auch dabei den Regeln genau anhängen und sie sogar noch bündiger machen. (Bei uns scheint der Geschmack sich weiter zu erstrecken).

Hieraus mögen wir die Ursache entdecken, warum große Erfindung und ein vollkommener Geschmack sich selten oder auch wohl nimmer beieinander antreffen lassen, obgleich der eine oder die andere mit der Erkenntnis oder Wissenschaft in gutem Vernehmen stehen.

Wir mögen daher auch annehmen, dass die Gaben der händelschen Musik am wenigsten von den Liebhabern der Zierlichkeit, Schönheit oder Richtigkeit bemerkt oder geschätzt werden. Ein jeder Mangel dieser Art ist ihnen anstößig, indem ihr eigener Charakter sie hindert, jene Vortrefflichkeiten, die von höherer Würde sind, einzusehen, womit Händel alle anderen Tonkünstler übertrifft. Vortrefflichkeiten, die sich schwerlich zu der stetigen Beobachtung solcher genauen Umstände schikken, von welchen eigentlich die Schönheit des Gesangs abhängt. Weil also der Geschmack eine natürliche Empfindung und eine gewohnte Aufmerksamkeit über erwähnte Umstände in sich begreift, so fällt alles, was dieselben vernachlässigt, unter seine Gerichtsbarkeit. Da nun diese genaue Eigenschaft einer zarten und furchtsamen Natur ist, befindet sich dieselbe desto geneigter, jene kühnen Streiche und strengen Züge, woran das Genie sein Vergnügen findet, entweder für was Grobes oder für eine Ausschweifung zu halten. Wenn sie aber einen Versuch wagen will, solche Sätze zu züchtigen oder zu korrigieren, so tritt sie aus ihrem Element. Kunst ist hier nicht nur unbrauchbar, sondern auch gefährlich. Das ursprüngliche Wesen wird gar zu leicht dadurch vernichtet und es kann doch nichts Artiges herauskommen. Wenn es auch geschehen könnte, wäre es doch, auf Kosten der Erfindung, zu teuer erkauft. Denn durchgehends hat niemand so viele Niedlichkeit an sich, dass er von jedem kleinen Merkmale der Schönheit stark gerührt werde, sondern die Menschen sind vielmehr überhaupt so geartet, dass sie nur von dem geringsten Zeichen dessen, was Groß und Hoch ist, entzückt werden. (*Das ist wahr. Der Übersetzer*).

Was mich desto völliger überredet, der Wahrheit dieser Gründe versichert zu sein, besteht darin, dass sie mit den folgenden Anmerkungen übereinstimmen, die ein gewisser Freund, der die Sache vollkommen versteht, mir mitzuteilen die Güte gehabt hat. Hier sind sie:

Weil die Parteilichkeiten und Vorurteile ziemlich hoch gestiegen sind, eines Teils zu Händels Behuf, andern Teils aber die Italiener zu begünstigen, werde ich mich bemühen, die Sache mit geziemender Gemütsbilligkeit zu betrachten und die beiderseitigen Verdienste, nach der besten Beurteilung, auf festen Fuß zu setzen.

Der Geschmack in der Tonkunst, sowohl bei Deutschen als auch Italienern, richtet sich nach den verschiedenen Eigenschaften der Nationen. Die Ersten sind von Natur streng und kriegerisch gesinnt (*Das ist wohl nicht phlegmatisch. Der Übersetzer*), ihre Musik tut starke Wirkung ohne große Zierlichkeit und unter dem Gerassel vieler und mancherlei Instrumenten. Die Italiener dagegen, mittels ihrer ungemeinen Empfindung und des lebhaften Gefühls, haben sich beflissen, in ihrer Musik alle Bewegungen der Seele auszudrücken, von den zärtlichsten Liebestrieben an bis zu den heftigsten Ausbrüchen des Hasses und der Verzweiflung. Und zwar am meisten durch die Modulationen einer einzigen Stimme. Händel bildete seinen Geschmack nach Art seiner Landsleute. Allein die Größe und Hoheit seines Geistes trieb denselben noch dermaßen empor, dass man darüber erstaunen musste. Einige der besten italienischen Meister sind durch die Niedlichkeit ihres Gesangs so tief in die verschiedenen Leidenschaften des menschlichen Herzens hineinge-drungen, dass man fast sagen kann, sie haben sie alle in ihrer Macht. Wenigstens bei denen, deren lebhafte Empfindung mit den Ihrigen beinahe zu einerlei Höhe gestiegen sind.

Wenn wir nun diese beiden Arten der Tonkunst in solcher sehr verschiedenen Lage ansehen, als solche von Händel und den besten Italienern ausgeübt und zu gleich großer Vollkommenheit gebracht sind, so dürfen wir uns gar nicht verwundern, dass eine jede derselben ihre hitzigen Verfechter gefunden hat. Von Händels Musik muss man zugeben, dass sie, ohne die wesentlichen Verdienste zu rechnen, vor der italienischen den Vorzug gehabt habe. Die Vollstimmigkeit, Stärke und Mutigkeit derselben schickt sich wunderbar wohl zu den gemeinen Endrücken und Vernehmungen des menschlichen Geschlechts überhaupt, die mit einer kleinen Härte erweckt werden müssen und nicht leicht zu Verzärtelung in Gang zu bringen sind. Es wird hier nur die allgemeine Beschaffenheit des händelschen Geistes dem italienischen entgegen gesetzt. Denn ob sich gleich seine Setzart mehr als irgend eine andere zum großen und erhabenen Ausdruck aufschwang, so übertraf er doch auch bisweilen die Italiener selbst in Gemütsbewegungen und pathetischen Dingen. Es erhellt solches aus verschiedenen Beispielen, die wir alsbald anzuführen Gelegenheit haben, und von anderen, die noch beigebracht werden können. Dass diese Exempel außer Acht gelassen wurden, daran sind die häufigeren Muster Schuld, die in seinen Oratoren und anderwärts das Gegenteil beweisen. Auf diese Art nimmt er alle unparteiischen Gemüter ein. Denn durch seine erhabenen Züge, deren er viel hat, wirkt er mit eben der Stärke sowohl auf die Klügsten, als auf die Unwissenden. Noch ein anderer Vorteil, den er über die Italiener besitzt, rührt von ihm selber her. Die große Menge schlechter Musikalien, die wir aus Italien gehabt haben, erregt bei vielen ein Vorurteil wider die Guten. Und hier dürfte es nicht ungereimt sein, etwas von dem jetzigen Zustand der italienischen Tonkunst zu erwähnen.

Die alte Musik, wie sie daselbst zu Palestrins Zeiten beschaffen war und von tüchtigen Komponisten im Kirchenstil herrührte, erforderte eine Menge Singstimmen zu ihrer Aufführung. Die Harmonien waren vollständig und variiert, der Vortrag aber geschah mittels lauter Fugen und Nachahmung in allen Teilen. Hierzu gehörte sowohl eine große musikalische Wissenschaft, als auch ein eigenes Genie, dermaßen sich damals niemand für einen Komponisten ausgeben durfte, der nicht mit einer tiefen Gelehrsamkeit in den Regeln der Setzkunst versehen war. Es fügte sich, wie natürlicher Weise geschehen muss, wenn Männer von großer Fähigkeit an Geist und Wissenschaft sich auf die Tonkunst legen, dass beständig von einem oder anderen Orte Verbesserungen einliefen. Und hierdurch erhielt diejenige Kunst, welche auf die Modulation einer einzigen Singstimme angewandt wird, von Tag zu Tag weitere Grenzen zur Erregung verschiedener Leidenschaften und Gemütsbewegungen. Bis endlich Vinci und Pergolesi es damit zu derjenigen höchsten Stufe brachten, davon wir bisher einigen Begriff haben können. Nebst diesem auserlesenen Verfahren mit der menschlichen Stimme erwiesen sie auch gleichmäßige Kunststücke mit den Instrumenten, die zur Begleitung dienten. Denn die Führung derselben war so klug eingerichtet, dass sie den Sängern immer neue Schönheiten gaben, ohne dieselben zu unterdrücken.

Ich kann nicht umhin zu bedauern, dass seit dieser Zeit Sangweisen der Italiener je länger je mehr in Verfall geraten sind. Und in Ansehung der gegenwärtigen Beschaffenheit ist wohl wenig Ursache zu hoffen, dass sie sich wieder in Aufnehmen bringen sollten. Den italienischen Komponisten stehen insbesondere zwei Dinge stark im Wege, woraus, meines Begriffs, alle ihre läppischen und schaumige Sachen entspringen, die wir heute haben. Eines derselben ist die wenige oder kurze Zeit, welche sie zu ihrer Verfertigung nehmen. Denn es hat nicht so bald ein anwachsender Geist die Merkmale seiner Geschicklichkeit spüren lassen, so sind die Eigner oder Inhaber der meisten italienischen Opernhäuser hinter ihm her und treiben ihn an, dass er für sie etwas setze. Der junge Mensch denkt, sein guter Ruf gehe schon über alle Welt und bestrebt sich daher, das Eisen zu schmieden, solange es noch warm ist, übernimmt demnach so viel Arbeit, als nur möglich in vorgewesener Zeit auszurichten steht. Dies verbindet ihn, alles und jedes hinzuschreiben, was ihm nur einfällt. Und auf solche Art wird seine Oper hauptsächlich aus alten verlegenen Stellen in Eile zusammen gefügt, ohne neuen Schwung, weder im Ausdruck, noch in der Harmonie. Fast ein jeder sinnreicher Setzer in Italien gibt hiervon ein Exempel ab. Dasjenige aber, was mir soeben am hellsten in die Augen fällt, ist der gute Jomelli, der sich in einigen Sachen so erwiesen hat, dass man ihn mit einem jeden seiner Vorgänger in der Komposition gar wohl vergleichen kann, da er in vielen anderen Stücken aber auch nicht einmal über die gemeine Menge hervor ragt.

Die andere Schwierigkeit, mit welcher die italienischen Opernkomponisten zu ringen haben, besteht in dem unrechtmäßigen Einfluss, welchen Sängerinnen und Sänger auf ihre Arbeit nehmen wollen. Ein guter Sänger oder eine gute Sängerin ermangelt selten, sich zu ihrem Behuf einen solchen Anhang zu machen, dem kein kluger Komponist zu missfallen trachten wird. Dieser Umstand bringt ihn einigermaßen dahin, dass er sich dem Sänger wegen der ihm bestimmten Arien unterwerfen muss. Welches in der Tat eben so viel ist, als ob dem Komponisten eine in der Musik schier unerfahrene Person etwas vorzuschreiben und, sich nur auf der Bühne brüsten zu können, allerhand Tücke und listige Ränke spielen wollte, die nur zu erfinden oder zu erlernen sind.

Da es also mit den italienischen Komponisten heute diese Beschaffenheit hat, ist es kein Wunder, dass ihr Machwerk so dünn und locker ausfällt. Denn wie kann man vermuten, dass ein Setzer sich alle mögliche Mühe geben sollte, da ihm das geringe Gehalt, welches er für seine

Opern bekommt, kaum das Brot verschafft, sofern er viele Zeit daran verwendet und dass er endlich auch Brot und Ehere dabei in Gefahr setzt, wenn er einem begünstigten Sänger nicht allemal zu Gefallen lebt?

Aus dem allen, was gesagt ist, wollte ich schließen, dass sowohl diese, welche ohne Unterschied Händels Werke verachten, als jene, welche ebenso die italienische Setzkunst verwerfen, beiderseits als in Vorurteilen steckende oder unwissende Richter zu tadeln sind. Ich wollte es demnach allen rechtschaffenden Liebhabern der Musik anraten, dass sie in Aufrichtigkeit, ja auch sozusagen mit einiger Ehrerbietigkeit die Arbeiten solcher Männer untersuchen, deren große Gaben in ihrem Beruf der menschlichen Natur Ehre erweisen. Ich halte es für höchstwahrscheinlich, dass alles, was etwa in Händels Sachen Zärtliches anzutreffen ist, durch seine Reise nach Italien erhalten worden sei und dass gleichfalls die Italiener ihm die Einrichtung derjenigen Instrumentalsätze schuldig sind, welche die Singstimmen begleiten, als worin es einigen wenigen unter ihnen vortrefflich wohl von Statten gingen. Man mag auch zum Beweis des Einflusses, welchen seine Setzart in Italien gehabt hat, als eine ungezweifelte Wahrheit dahin ziehen, dass die Waldhörner daselbst niemals zur Begleitung der Singstimmen gebraucht worden sind, ehe sie Händel solcher Gestalt eingeführt hat.

Es mögen aber nun die Italiener ihre Rechnung bei der Einrichtung der Instrumentalsätze zu den Singstimmen noch so wohl gefunden oder gemacht haben, ist doch gleichwohl ein Ding übrig, darin Händel allein Meister geblieben ist und worin es ihm schwerlich jemals einanderer gleich tun wird. Ich meine in den Instrumentalsätzen seiner Chöre und vollstimmigen Kirchenmusik.

(Dieses hat seine Richtigkeit. Es rührt aber alles von Zachau und vom Orgelschlagen her. Deutschland ist das Vaterland aller starken Harmonie, aller Orgelkünste, Fugen und Choräle zum Gottesdienst. Italien hat die Melodie zur Tochter, mit Sängerinnen, Sängern und sehr feinen Sologeigern, zur Gemütsbewegung. Frankreich bringt seine prächtigen Chöre, Instrumental- und Tanzmusik zur Ergötzlichkeit hervor. Und den Engländern überlassen wir billig die Bewunderung und Belohnung dieser Seltenheiten, p.t. zum Ruhme. Der Übersetzer).

Hierin hat er unzählige Proben seines ungebundenen Geistes dargelegt. Kurz, er regiert in denjenigen Werken, die er durch Verbindung der Instrumente mit den Singstimmen vollendet hat, ein solch erhabenes Wesen, dass vielmehr eine unmittelbare Eingebung, als eine bloße musikalische Wissenschaft, daraus erhellt. Damit wir gleichwohl ein gesundes Urteil über seine Tonkunst fällen, müssen wir unser Augenmerk beständig auf zwei verschiedene Gattungen richten, nämlich auf das Instrumental- und Vokalwesen.

Die Vortrefflichkeit des Ersten beruht auf der Stärke und Vollkommenheit der Harmonie, des Anderen auf der Lieblichkeit und dem eigentlichen Nachdruck der Melodie. Das Erste muss mit einer gewissen Einschränkung verstanden werden. Denn unsere Meinung ist nicht, dass die Vortrefflichkeit der Instrumentalmusik überhaupt in einer starken Vollkommenheit besteht, sondern nur, dass sie durch diese Vollstimmigkeit als in einem Gegensatz von der Vokalmusik unterschieden werde. Tantinis Konzerte und anderer Komponisten Instrumentalsachen von erstem Range sind starke Proben, dass es dabei mit der Harmonie allein nicht ausgerichtet sei, alldieweil die Schönheit derselben allzeit mehr in der höheren und ungemeineren Anmut der Melodie als in der Vollstimmigkeit an ihr selbst gefunden wird, obgleich diese, nach ihrer Art, vortrefflich wohl beschaffen sein kann, den Ausdruck der vornehmsten Partei zu zieren, zu erhöhen und zu stärken.

Es mag aber besagte harmonische Fülle, welche in der Instrumentalmusik wesentlich ist, in einigen Fällen der Vokalmusik leicht zu nahe treten, wo nicht gar ihre Vollkommenheit vernichten. Rousseau hat diese Materie in seinem Brief von der französischen Musik würdigst entwickkelt. Und eben in diesem Stück ist, meines Erachtens, Händel bisweilen auf dem unrechten, die besten italienischen Komponisten aber sind auf dem rechten Weg, obgleich ich meine Begriffe von ihrer Vollkommenheit eben nicht so weit treibe, als Rousseau es tut.

Weil nun Opern und Oratorien allerdings zu der Vokalklasse gehören, müssen ja auch die Arien und Rezitationen als vornehmste Teile derselben dahin gezogen werden. Dennoch haben einige Sinfonien und Begleitungen, anstatt diese Teile in ein rechtes Licht zu setzen, dieselben durch ihren angenommenen, eigenen und größeren Glanz nicht nur verdunkelt, sondern wohl auch gar verschlungen. Seine ungemeine Stärke in Instrumentalsätzen, die er natürlicher Weise gern an den Mann bringen wollte, mag wohl eine von den Ursachen sein, aus welchen er diesen Fehler begangen hat. Eine andere war vielleicht die Untüchtigkeit etlicher Sänger, denn es war niemals eine Oper, darin sich lauter gute befanden. Ein vernünftiger Komponist wird allemal Sorge tragen, dass die schlechtesten Stimmen am wenigsten zu tun finden. Wenn aber die Instrumente durch ihre herrschende Harmonie den leeren Raum nicht ausfüllen, welche die Abwesenheit oder Schwäche der Sänger verursacht, so müssen notwendig die Zuhörer dabei verschmachten. Welches allerdings viel beschwerlicher fällt, als wenn man die Regeln der Eigenschaft übertritt und die Instrumente mehr arbeiten lässt, als es sonst der Vortrag erfordert.

Wir können auch hinzufügen, dass in so weitläufigen Ausführungen als Opern ohne Zweifel verschiedene Arien in mancherlei Stil und von mancherlei Inhalts ein müssen. Die feinsten und schönsten Sangweisen, wenn sie zu lange fortgesetzt oder zu oft wiederholt werden, ermüden das Gehör. Hier muss man wiederum seine Zuflucht zu den Instrumenten nehmen, welche, wenn sie ein wenig mehr arbeiten, als sie sollten, denjenigen Arien einige Aufmerksamkeit zuwege bringen, die sonst von schlechterem Gehalt sind und nur dazu dienen, dass sie andere erheben und anpreisen. Deswegen dürfen wir uns nicht wundern, wenn wir in Händels alten Opern einige Arien antreffen, die wegen der völligen Beschaffenheit ihrer vielen Teile und Mittelstimmen fast wie Konzerte wirken. Wiewohl in vielen anderen diese Begleitungen so nett abgefasst und so wohl angebracht sein, dass die verschiedenen Instrumente des Orchesters den verschiedenen Personen in einem schönen historischen Gemälde ähnlich scheinen, welche doch alle einerlei Verbindung mit und Anteil an der Hauptfigur haben, auch in ihrer unterschiedenen Lage alle zusammen dahin zielen, dass die Beförderung und Ausrichtung der vornehmsten Absicht wohl von Statten gehen möge.

Aber was sollen wir für Entschuldigungen finden wegen der groben und unangenehmen Exempel, die so häufig in seinen Oratorien aufstoßen? Denn weil die Melodie gleichwohl ein gründliches und wesentliches Stück der Vokalmusik ist, lässt sich es ansehen, dass keine Ausrede wider die Hintansetzung derselben gelten könnte. Der beste Maler würde getadelt werden, wenn er die Aufmerksamkeit der Betrachter zu viel von dem vornehmsten Stücke seines Gemäldes, es sei auch noch so schön, dadurch abkehrt, dass er etwa ein oder anderes Nebenbild mit dem größten Fleiß ausarbeitete, noch mehr aber würde man es ihm verdenken, wenn er diejenige Figur, welche seine höchste Kunst erforderte, um unvollkommensten stehen ließe. Und ob auch gleich in der Tonkunst, wie wir gesehen haben, bisweilen Gelegenheiten aufstossen, die da erheischen, dass man den Instrumenten etwas mehr zu tun gäbe, als den Singstimmen, so muss dennoch der eigentliche Gesang an seiner Melodie keinen solchen Abbruch leiden, dass sich dessen Verstand und Ausdruck darunter verliere. Viel weniger, dass er grob und unangenehm gerate. (*Güldene Worte! Das alles rührt daher, weil Händel kein Sänger und kein Darsteller war. In fünf bis sechs Jahren, da wir täglich miteinander umge-*

gangen sind, habe ich keinen einzigen singenden Klang aus seinem Munde vernommen. Wie der Graf Granville, damals Lord Carteret, hier war und mich singen und zugleich spielen hörte, sagte er: „Händel spielt auch so, aber er singt nicht so." Meines Erachtens geht Singen und Agieren sehr weit bei einem dramatischen Komponisten. Das weiß Hasse sehr wohl, der beides, me teste, löblich getrieben hat. Keiser sang auch überaus schön und daher haben beide in ihren Melodien ein Großes voraus. Der Übersetzer).

Die reine Wahrheit zu sagen, so war Händel nicht so gut aufgelegt zu solchen Arien, deren Worte eben kein starkes Abzeichen bemerkten oder diese keine nachdrückliche Leidenschaft enthielten. Er besaß diejenige Kunst nicht, in welcher die Italiener von je her sich so sonderbar hervorgetan haben, nämlich mit guter Art und Anmut tändeln. Seine Gedanken waren auf größere Dinge gerichtet, in deren Betrachtung es schwer zu sagen fällt, ob die Melodie oder Harmonie mehr bei ihnen hervorragte. Dieses kann sogar aus seinen Oratorien erwiesen werden, worin er am meisten und häufigsten gefehlt hat. Zwar muss man die Beschaffenheit der Zuhörer, der Sänger und der Sprache hierbei erwägen, die ihm bisweilen sehr nachteilig fielen, auch alle miteinander je länger je schlechter wurden. Ein gewisser Freund, den Händel gebeten hatte, seinen Judas Maccabäus zu untersuchen, gab ihm darüber eine ganz günstige Meinung zu verstehen, worauf jener antwortete, dass er versichert sei, nur die besten Stücke ausgesucht, aber diejenigen ausser Acht gelassen zu haben, die ihm alles Geld einbringen. Er meine die schlechtesten Arien im ganzen Oratorio. Hergegen sind in seinen alten Opern unzählige Proben seiner Geschicklichkeit zur Vokalmusik vorhanden. Und zwar solche, die schwerlich besser aus den Werken derjenigen größten Meister erwiesen werden können, welche sich sonderlich in melodiösen Sätzen hervorgetan haben. Ich will dem Leser nur einige wenige Arien in verschiedener Schreibart anzeigen: „Un disprezzato affeto" und „Affanni del pensier" in Ottone, „Ombra cara" in Radamisto und „Men fedele" sowie „Il mio cor" in Alessandro.

Ein gewisser großer Tonkünstler, der sich mit Händel nicht gar zu wohl stand, pflegte oftmals in sehr starken Worten seine Gedanken über dessen Geschicklichkeit zu eröffnen. Einmal sagte derselbe von obiger Arie „Affanni del pensier", der große Bär ist gewiss begeistert gewesen, wie er dieses Lied gesetzt hat. Er hätte völlig eben so viel von dem anderen sprechen können, das hier mit jenem zusammen verknüpft ist. (*Wäre denn dadurch etwa der große Bär kleiner geworden? Der Übersetzer*).

Der Leser wird hierbei gleichfalls bemerken, dass obzwar in zwei der obigen Arien sehr viel für die Instrumente zu tun und auch in allen ihren Teilen die ganze Ausführung sehr schön angeordnet ist, dennoch nichts darin zu finden sei, wodurch der Gesang oder die eigentliche singende Melodie eine Verdunkelung leide. (*Das heißt nur: vitare culpam. Der Übersetzer*). Zu gleicher Zeit, da die begleitenden Instrumente dem Gehör mit ihren Veränderungen ein Vergnügen bereiten, leisten sie auch der Singstimme ihren Beistand, in Ausdrückung der besonderen Handlung, Leidenschaft und Empfindung, die da vorgestellt wird. (*Laudem mereri. Der Übersetzer*).

Wenn alles erwogen werden soll, bleibt doch die Vokalmusik der Instrumentalmusik nicht mehr (nicht so viel) schuldig, als diese jener. Eine Menge Beispiele aus den Werken berühmter Meister können dies bekräftigen. Aber Tarini mag fast zu einem stets währenden Muster dienen. Alle seine Instrumentalmelodien sind in ihrem Charakter und Stil gänzlich Vokal, dass man diejenigen Gänge, welche den Bezirk oder die Grenzen und Kräfte der menschlichen Stimme nicht überschreiten, fast alle ansehen mag, als ob sie zum Singen erfunden wären. Seine allerschwersten Sätze weisen eben dergleichen Abzeichen auf, welches sich besonders erhellte, wenn er sie selbst spielte. Und alle Italiener waren hiervon dermaßen überzeugt, dass sie bei Erwähnung seiner Art zu spielen, oftmals sagten: „non suona, canta su'l Violino"; er spiele nicht, sondern sänge auf der Violine. (*Das ist der beste Geschmack, Benda hat ihn auch. Der Übersetzer*). Die Ursache aber, warum die Komponisten dieses großen Meisters (Tartini) von sehr wenig Leuten in England bewundert wird, ist, dass die Vollzieher derselben ihre rechte Eigenschaft nicht kennen, sie auch folglich nicht so herausbringen, wie es der Verfasser gern hätte. Je delikater und nachdrücklicher eine Musik ist, je abgeschmackter und unangenehmer muss sie fallen, wenn sie gröblich und ohne Empfindung behandelt wird. Ebenso, wie die feinsten Züge der Leidenschaften im Trauerspiel ungleich mehr an ihrer Würde verlieren, wenn sie so unartig vorgetragen werden als eine gemeine Anzeige im Zeitungsblatt.

Und an diesem Orte mag man wohl bemerken, dass die bequemsten Stellen zu musikalischen Nachahmungen sich in den Sinfonien und Begleitungen finden lassen. Es gibt zwar einige wenige Sprechklänge, die von der Natur selbst zur Ausdrückung gewisser Gemütsbewegungen gebraucht und von der Singstimme auch nachgeahmt werden können, allein es ist etwas gewöhnliches bei den Meistern, die Eigenschaft und den Inbegriff dieses nachahmenden Vermögens in der Tonkunst nicht nur aus den Augen zu setzen sondern auch in dem Unterwurf zu irren, zu welchen es sich schickt. (*S. Harris drei Traktate, worin dieser Punkt mit großer Urteilskraft und Richtigkeit abgehandelt ist. Eine Allegation, die dem Verfasser gehört. Der Übersetzer*).

Eine gar zu genaue Beobachtung etlicher besonderen Wörter im Text hat die Komponisten oft von der eigentlichen vornehmsten Meinung desselben ganz abgeführt. Händel selbst, weil er mit der englischen Sprache nicht vollkommen bekannt war, ist bisweilen in dergleichen Irrtümer verfallen. Ein Komponist muss aber niemals seine Absicht auf einzelne Wörter richten, es sei denn, dass sie von besonderem Nachdruck sind und entweder eine Gemütsbewegung enthalten oder auf wichtige Gedanken zielen.

Um Händel Gerechtigkeit widerfahren zu lassen, muss man gestehen, dass er durchgehend groß und meisterlich handelt, wo die Sprache und Dichtung sich zu seinem Vorsatz schicken. Die englische Sprache hat einen Überfluss an einsilbigen Wörtern und Mittlauten. Obzwar nun dieselben nicht allemal vermieden werden können, sollten doch die Verfasser musikalischer Gedichte solche Ausdrücke wählen, die den Ohren am wenigsten rau und unangenehm fallen. Mit den poetischen Gedanken muss es eben so gehalten werden, als mit der Sprache. Je ungekünstelter und natürlicher sie beide sind, desto leichter können sie durch die Tonkunst ausgedrückt werden. Wir haben, sagt Addison, eine Zeit erlebt, da nichts bequemer in die Musik zu bringen war, als was Abgeschmacktes. Diese Satire ist so richtig als schön. Allein, obgleich der Verstand in solchen Dingen bisweilen zu grob verfährt, man denn noch die Poesie dabei auch gar wohl zu fein ausfallen. Sind zu Einen edle Vorbilder oder Gleichnisse und hoch erhabene Beschreibungen darin, wenig aber von Gemütsneigungen, artigen Gedanken oder Leidenschaften, so wird auch der beste Komponist keine Gelegenheit finden, sein Pfund wohl anzuwenden. Wenn im Text nichts aufstösst, das eines nachdrücklichen Ausdrucks fähig ist, so kann er weiter nichts tun, als seine Zuhörer mit bloßen Zierraten eigener Erfindung zu unterhalten. Aber auch der Schmuck und die Anmut müssen selbst aus dem Inhalt der Sache entspringen, zu welchen sie gebraucht werden, eben so, als das Blumen- und Laubwerk von der Beschaffenheit des Gebäudes, darin sie stehen sollen. Die geringeren Teile bekommen ihre Verhältnisse von dem Großen und Ganzen.

Damit wir aber mit unserer Untersuchung wiederum zu Händels Werken kehren, ist es einmal was Ausgemachtes, dass er in seinen Chören ohne Nebenbuhler bleibt. Die leichte, natürlich fließende Melodie, welche sich in denselben durch und durch hervortut, ist schier ein eben solches seltenes Wunder, als die große Fülle und mannigfaltige Abwechslung, unter und in welchen sich doch kein einziges Teil befindet, das nicht figuriert, ja, keine einzige überflüssige oder müßige Note.

Seine Kirchenstücke sind durchgehend lauter Chöre und so vortrefflich in ihrer Art, dass es schwer fallen wird, sich einen Begriff menschlichen Bestrebens zu machen, der darüber gehe. Die Anthems, welche er für den Herzog von Chandois setzte, um in dessen Kapelle gesungen zu werden, sind am wenigsten bekannt, aber weit davon entfernt, dass sie die wenigste Schönheit besitzen sollten. Wahr ist es, dass in der an Lord Burlington gerichteten bewundernswürdigen Epistel sich ein paar Zeilen befinden, die darauf zielen, den falschen Geschmack einer solchen Musik bloß zu stellen, welche sich weder zu dem Vorhaben noch zu der Gelegenheit des Ortes schickt. (*Diese sind es: „Light quirks of music, broken and uneven / Make the soul dance upon a jig to heaven." Pope. Was gilts? Wo viel unebene, gebrochene Schnörkel klingen, da Wird ein Giquentanz die Seele in den Himmel bringen. Der Übersetzer*). Und dass es scheint, als wären dieselben Zeilen auf Händel gemünzt gewesen, wie er beschäftigt war, besagte Kapelle zu bedienen, deren Besitzer an mehr als einem Ort in den vorhergehenden Stellen des Gedichts wegen seines irrigen Begriffs von Pracht und Herrlichkeit deutlich genug bestichelt wird und wohl getroffen ist.

Allein, es sind verschiedene Ursachen vorhanden, die es ganz unerweislich machen, dass eben Händels Musik durch die selben Verse mitgenommen oder angetastet worden sein sollte. Denn, obgleich Pope selbst von dergleichen Dingen nicht urteilen konnte, hatte er doch viele Freunde, die sich sehr wohl darauf verstanden, ja, in der Tat niemand besser, als jener Lord Burlington, an den die Epistel gerichtet ist. Es mögen übrigens auch seine Gedanken von Händels Fähigkeiten aus jenen Versen abgenommen werden, die oben schon, in der Lebensbeschreibung selbst, aus dem vierten Buch der Dunciade beigebracht worden sind. Dennoch ist es nicht unerweislich, dass oben erwähnte Kapelle nicht etwa auch Exempel hergegeben habe, von solcher lächerlich gemachten Unanständigkeit, und zwar nach der Zeit, da Händel nichts mehr mit ihm zutun hatte. Dem sei nun wie ihm wolle (*Longrin würde nicht so reden. Der Übersetzer*), so oblag es doch dem Poeten, die verschiedenen Arten eines verderbten Geschmacks durchzuziehen, worin es seine erwählte Cannonsbühne allen anderen zuvortat.

Der Leser wird diese Einlassung desto eher entschuldigen, je notwendiger sie scheint, allen Missverstand zu heben, der sowohl eines Teils dem Pope, andern Teils dem Händel schimpflich fallen möchte, ob dieser keine Ehre davon hätte, jener aber übel geurteilt. Weil seine Oratorien alle, oder überwiegend, auf biblische Stellen gerichtet sind, so führen die Chöre derselben auch gänzlich den Kirchenstil. Und man kann gar wohl ohne Übermaß sagen, dass die erhabenen Züge, die darin herrschen, mehr einer Erleuchtung, als bloßen natürlichen Gaben ähnlich sehen. Aus einer Menge Exempel, die angeführt werden könnten, will ich den Leser nur an die wenigen folgenden im Oratorium Massiah erinnern: Denn uns ist ein Kind geboren / Macht die Tore weit / Halleluja, denn der allmächtige Gott hat das Reich eingenommen.

Nach diesen starken Bestrebungen des Geistes treffen wir ihn noch höher an in den drei Schlusschören *(die mit den Worten anheben: „Das Lamm, das erwürget ist, ist würdig zu nehmen." Der Übersetzer)*, deren jeder der vorherigen übertrifft, bis im Aufwickeln des Amens *(Ach liebes Amen, dir sei Amen gesagt 124 Mal. Der Übersetzer)* das Ohr dermaßen mit einer harmonischen Glut erfüllt wird, dass die Seele dadurch in eine Art himmlischer Entzückung gerät.

Es waren zwar wenige Personen, die genügend Verstand von der Musik hatten und sowohl die besonderen Eigenschaften als auch die allgemeine Vereinigung und Beistimmung der mannigfaltigen Teile in diesen zusammengeschlagenen Sätzen zu bemerken sattsame Fähigkeit besaßen, dennoch ist es merkwürdig, dass einige von den Zuhörern, auf welche sonst die schönsten Modulierungen wenig oder nichts ausrichten, durch Händels Chöre höchstens gerührt wurden. Das entstand vermutlich aus den erhabenen Begriffen, die darin Überhand nahmen, welche, da sie bloß von der Natur gefühlt oder empfunden werden, viel stärker wirken, als das Bewusstsein der Kunst selber tun kann.

Freilich ist es an dem, dass in obgedachten erstaunlichen Vorträgen, so wie in den meisten händelschen Sachen, sich auch große Ungleichheiten antreffen lassen. Wer sie aber durch und durch untersucht, muss den Verfasser kurzum für ein Wunder erkennen. Ich bediene mich dieses Ausdrucks, weil sonst keine Worte fähig sind, seinen Charakter anzuzeigen; man müsste denn wiederholen, was Longinus gesagt hat, da er den Demosthenes beschrieb. Ein Ausspruch, welcher sich so füglich auf Händel anwenden lässt, dass man fast glauben sollte, er wäre für ihn gemacht. *(Siehe den Schluss des 33ten Abschnitts bei Login. Sein Nachahmer verleugnet sich nicht. Wie er beginnt, so schließt er auch. Ob Costar aber Recht hat, wenn er spricht "longin est un chicaneur & un faux subtil", kann ich nicht wissen. Apol. 88.89. Hier ist der griechische Spruch gemeint, der auf dem Titelblatt steht. Wer sollte ihn aber hier suchen? Und zwar ohne Übersetzung, weder an einem, noch am anderen Ort. Der Übersetzer).*

Seine Wissenschaft in einem anderen Stück der Vokalmusik, nämlich im Rezitativ, könnte leicht aus seinen alten Opern oder auch aus erwähntem Oratorium selbst dargetan werden. Zur Probe aber mag folgendes hinreichen: Tröstet, tröstet mein Volk, spricht euer Gott. Und Alma del gran Pompeo aus dem Julio Caesare, welchen Exempeln noch die große Szene aus dem Tamerlan beigefügt werden kann, die Bajazets Tod enthält.

Ohne mich zu unterstehen, die Ursachen zu erklären, aus welchen die gewaltigen Ausdrücke und das bezwingende Pathos in diesen und vielen anderen Stellen seiner Rezitative entsprungen sind, will ich nur die Wirkungen dieses Stils insoweit berühren, dass dessen rechter Gebrauch und grösste Würde in der Erhebung des natürlichen Eindrucks der Religion und Menschenliebe bestehe.

Die Duette und Terzette sind zu verschiedenen Zeiten entstanden. Diejenigen, welche er außerhalb Englands gemacht hat, sind nie gedruckt worden, in sehr wenigen Händen und fast unbekannt. Weil sie aber auf eine von seinen letzten Werken dieses Stils etwas verschiedene Art abgefasst und gewissermaßen vorzuziehen sind, verdienen sie eine besondere Anmerkung. Sie wurden von ihm in der besten Blüte seiner Jahre nicht für die Schaubühne sondern für die Kammer verfertigt. Es durfte den unwissenden und unerfahrenen Ohren gemeiner Zuhörer nichts darin nachgegeben werden. Erfindung und Harmonie richteten sich nicht nach dem armseligen Beifall eines encore! Der Verfasser hatte nur den Vorsatz, sich selber und denjenigen zu gefallen, die er unterrichtete. Daraus mag ein jeder leicht urteilen, ob die Kompositionen solcher Umstände halber nicht ungleich besser geraten sei, als andere. Wir finden wirklich, wie zu Vermuten steht, dass dergleichen treffliche Ausarbeitungen von solchen Eilfertig- und Nachlässgkeiten befreit sind, die man in den langen Werken antrifft, welche er seitdem gemacht hat und auf alle Weise zu entschuldigen stehen. Wenn wir uns über dergleichen Mängel beschweren, die dem Geschmack und der Anmut zuwider laufen, sollten wir uns billig besinnen, wie wenig sie beide vor denjenigen Richtstuhl gehören, die ihre Verdienste entscheiden sollte. (*De vulgo loquitur. Der Übersetzer*). Damit wir aber zu unseren Duetten zurück kehren, so fällt es ebenso schwer, ihre Eigenschaften auszumachen, als aller anderen händelschen Werke. Denn obgleich man sagen kann, dass sie die meisten Setzarten in sich begreifen, so hat doch überhaupt die männliche und stark durchdringende darin den Vorzug. Doch ist auch in einigen Stücken gewisse anmutige und liebliche Modulation anzutreffen, die derjenigen nichts nachgibt, die wir von dem beliebten Steffani aufzuweisen haben, obgleich in anderen ein Geist und eine Majestät hervorragen, die dem Letztgenannten unbekannt zu sein scheinen.

Es könnte nicht geleugnet werden, dass die männlichen Schwünge des händelschen Triebes seine Feder oft zu einer solchen Melodie verleiteten, die sich zur Stimme übel schickte. Dass er geneigt war, denjenigen Stil aus den Augen zu setzen, den die vorhabende Materie erforderte, und in solche Gänge auswich, die bloß allein für Instrumente gehören. Allein er wußte die Sache doch so wunderbar anzustellen und die Modulationen in einigen Sätzen dieser Art, wo dergleichen Abweichungen am kenntlichsten waren, so schön einzurichten, dass der beste Kunstrichter, der es kritisch untersucht, kaum das Herz haben wird, sein Amt zu verrichten. Und da die Regeln ihn antreiben, die Fehler anzuzeigen, wird es ihm fast leid sein, solche zu verbessern. Damit man aber nicht meine, dass alles dieses nur so dahin geredet sei, wollen wir einige besondere Beispiele anführen. (*Wer kennt sie? Der Übersetzer*).

Das Duett, welches mit „A mirarvi io son contento" beginnt, legt ein schönes Muster des wahren Vokalstils dar, welches mit Steffanis' sehr überein kommt. Ein anderes, nämlich Conservate, ist von eben der selben feinen Art. Ein drittes, Sono liete, gehört auch dahin, aber das letzte Mouvement desselben ist instrumental. Hierüber haben wir gleichsam des Verfassers eigenes Geständnis, denn er hat es hernach mit einiger Veränderung in die Ouvertüre des Judas Macchabäus eingeführt.

Als Exempel von geistreicher und schöner Art, die den ruhigem und sanften Steffani nicht bekannt war, will ich nur unter vielen anderen diese beiden aufgreifen: Chevai pesando und Tacete. (*Wo sind sie? Der Übersetzer*).

Unter den Trios ist Quando non hò più core ein Modell des Instrumentalstils, und zwar in solchem Übermaß, dass es äußerst schwer herauszubringen steht. An einigen Stellen dieser Stücke, besonders in den Terzetten, sind vorzüglich diejenigen Begriffe erkennbar, die nach dem Chorstil eingerichtet und in die engen Schranken zweier oder dreier Stimmen eingeschlossen sind, da sie sich gleichsam bestreben, denjenigen Raum zu erfüllen, der ihnen hernach eröffnet worden, um sich in das weite und fast unbeschränkte Feld des Chors zu wagen. Zum Beweis, dass diese Anmerkung nicht etwa aus bloßer Einbildung besteht, darf man sich nur erinnern, dass einer von den feinsten Chören in dem Allegro (*Allegro ed il Pensieroso, der Name eines Oratoriums. Der Übersetzer*) und der sehr kunstreichen, mit welchem Alexanders Fest schließt, eben aus zwei dieser Trios hergekommen sind.

Obgleich nun die Duette und Trios in seinen Opern und Oratorien überhaupt nicht so reines und gelehrten Wesens sind als diejenigen, von denen wir eben gesprochen haben, wird sich der musikalische Leser doch leicht der Einen oder Anderen erinnern, die eine ausnehmende Schönheit besitzen. Von solcher Art sind die berühmten Trio in Acis und Galatea, das Duett „O Tod, wo ist Dein Stachel" im Messia, „From this dread szene" im Judas Maccabäus und „Io t'abbracio" in Rodelinda.

Die einzige Serenade, welche eigentlich so genannt wird und von ihm in England gemacht worden ist, heißt Acis und Galatea. Diese ist die allergleichförmigste und vollkommenste von allen seinen Kompositionen, und aus ihrer Einrichtung können wir herleiten, was die anderen, welche nicht vorhanden sind, für Verdienste besitzen. Die zu Rom verfertigten Serenaden Tarquin und Lukrezia und ihre Vortrefflichkeiten sind daselbst bekannter, als in England.

Wir sind nun auch durch alle seine Ausfertigungen hindurch und aus dieser beiläufigen Untersuchung wird sich schon erhellen, dass an solchen Stellen, wo er im Ganzen am wenigsten vortrefflich ist, er dennoch solche wiederholte, starke und besondere Proben seiner Geschicklichkeit abgelegt hat, die ihn mit den größten Meistern auf eine Stufe setzen, deren völlige Stärke etwa nur auf dieser Gattung beruht.

In seiner Instrumentalmusik finden sich eben die selben Merkmale eines großen Genies, doch auch zugleich einige Exempel gleich großer Nachlässigkeit. Er sah oftmals mehr auf die Wirkung des Ganzen, als auf das künstliche Gewebe der Teile, in welchen Geminiani mit allem Recht bewundert wird.

In seinen Fugen und Ouvertüren ist er allerdings ein Original. Ihr Stil steht ihm allein zu und ist keineswegs mit irgend einem Meister vor seiner Zeit zu vergleichen. Bei Bildung derselben scheint es, als ob Wissenschaft und Erfindung miteinander um den Preis gestritten hätten.

(*Es hat sich neulich ein ungenannter Weltweiser hervorgetan, der auf schweizerisch-deutsch die schönen Künste nicht für Wissenschaften erkennen will, weil ihre Systeme nur sinnlich sind. Der alte Satz aber steht dennoch immer fest: Nihil esse in intellectu, quod non prius fuerit in sensu. Vielleicht ist unser Biograf von jener Sekte, denn er braucht das Wort science kaum einmal, wenn er, wie hier, von der Tonwissenschaft redet, hergegen allemal nur knowledge or skill. Vielleicht hat er auch kein Arges daraus. So viel ist wohl gewiss, es fehlt den Musikern an Literatur. Und wer nichts als Noten zu schreiben weiß, dessen Ruhm und Gerücht ist nur vox, praeteraque nihil! Den zweiten März diesen Jahres ist hier in Hamburg eine erstaunliche Menge Bücher verkauft worden, Raritäten über Raritäten in allen Wissenschaften. Nur von der Tonkunst findet sich kein Wort, da doch der Katalog fast anderthalb Seiten klein gedrucktes Alphabet ausmacht. Das heißt, eine Wissenschaft hintan setzen. Wer mir das Gegenteil zeigt, wird mich eines angenehmen Irrtums überführen. Der Übersetzer).*

Obgleich niemand vor ihm jemals eine solche Anzahl Instrumente im Orchester aufgestellt hat als er, ist doch kein einziger Mitspieler müßig befunden worden oder der nichts zu bedeuten hätte. Dagegen machte ein jeder von ihnen eine solche anständige Figur, die nicht nur zur Ausführung geschickt und nützlich sondern auch notwendig und wesentlich war. Sogar diejenigen vom untersten Range und dem wenigsten Wert (wenn man an sich selbst und in dem kunstmäßigen Stande nach der klugen Anordnung ihrer Einführung und Anwendung betrachtete) stiegen zu einer gewissen Würde und Vielgültigkeit auf, dazu eis sonst von Natur unfähig erschienen.

Von seinen Gaben, für ein einzelnes Instrument zu setzen, brauchen wir keine besseren Beweise, als seine Handsachen für das Klavier. Die allererste Ausfertigung derselben, die auf seine eigene Veranstaltung erschien, wird jederzeit in höchsten Ehren gehalten, abgesehen der wesentlichen Verbesserung des Stils in solchen Aufgaben, deren sich einige Meister beflissen haben. Händels Lectiones leiden zwar einen Nachteil, der aber von ihrer Vortrefflichkeit selbst herrührt. Die erstaunliche Fülle und Beschäftigung der Mittelpartien vergrößert die Schwierigkeit sie zu spielen dermaßen, dass wenig Leute fähig sind, ihnen ihr Recht zu tun. Es lässt sich darin mehr Arbeit spüren, als wir von irgend einem einzelnen Instrument erwarten können.

Schließlich trifft man in diesen und anderen Teilen seiner Werke eine solche Vollstimmigkeit, Stärke und Kraft an, dass Händels Harmonie sich jederzeit mit dem alten Bild des Herkules vergleichen lassen mag, an welchem lauter Muskeln und Sehnen zu sehen sind, da hingegen auch oft seine Melodie der Venus im Hause Medicis ähnlich ist, die lauter Anmut und Niedlichkeit aufweist. (*Nullum simile currit quatuor pedibus. Der Übersetzer*).

Was demnach endlich von diesem unseren Versuch zu halten sein mag, mittels dessen wir seinem Andenken Gerechtigkeit widerfahren lassen, so ist doch viel Ursache zu glauben vorhanden, dass die Angelegenheiten der Religion und Leutseligkeit nicht so stark verwahrt oder so fest versichert sind, dergleichen Zuschub zu ersparen und der Beihilfe müßig zu gehen, mit welchen ihnen die schönen Künste dienen können. Sie reinigen und erheben die Begriffe unseres Vergnügens, welches im rechten Verstande und vernünftigen Gebrauch der Endzweck unseres Daseins ist. Sie vermehren und befestigen die Begriffe unseres Geschmacks, welcher, wenn er auf Dauerhaften und beständigen Gründen beruht, die Ursachen erörtert und die Wirkungen alles dessen erhöht, was jemals herrlich oder vortrefflich in der Schöpfung oder in den Werken menschlicher Wissenschaft gefunden werden mag. Sie schmücken und verschönern das Ansehen der Natur, schärfen und verstärken die menschlichen Gaben, erwecken Höflichkeit und Geflissenheit im Umgange, kurz: sie versüßen und besänftigen die Sorgen des Lebens und machen den schwersten Kummer viel leidlicher, indem sie sich die Zahl unschuldiger Ergötzlichkeiten beigesellen. (*Alles dieses ist sehr gut gesagt. Der Übersetzer*).

Es gibt wenig Leute, die Händels Werke alle miteinander durchgesehen haben und recht mit ihnen bekannt sind. Nur allein diese Personen können von seiner Geschicklichkeit ein gründliches Urteil fällen. Inzwischen kann uns ein einziger Blick in ihr Verzeichnis auf die Sprünge bringen, dass wir die erstaunliche Weite seines Genies einigermaßen erraten können. Denn er ist nicht nur den ganzen Umkreis dieser Kunst durchwandert, sondern hat in allen und jeden besonderen Teilen derselben unwidersprechliche Proben seiner Vortrefflichkeit abgelegt.

Allenfalls mag eine solche Vorstellung der verschiedenen und wichtigen Zunahme, welche die Tonkunst aus der unaufhörlichen Bemühung und den wundervollen Gaben eines einzigen Mannes erhalten hat, dazu dienen, dass nachdenkende Leser und Kenner ihre Aufmerksamkeit dahin richten, wie viele neue Quellen der Schönheit und Hoheit noch in den Gegenden der Harmonie verborgen liegen. Sie könnte auch wohl dazu dienen, dass sich künftige Tonkünstler sorgfältig in seinen Kompositionen umsähen und dem Einreißen des verdorbenen Geschmacks zu widerstehen trachteten, welches zu jeden Zeiten der Kunst den Untergang gedräut. Und vielleicht zu keiner mehr, als zur gegenwärtigen Zeit.

Unsere neumodische Musik enthält seit einigen Jahren kaum den Schein einer Wissenschaft oder Erfindung, ja, mit genauer Not noch einige Fußstapfen des Geschmacks oder Verstandes. Schlechte und gassenmäßige Lieder sind es, die eine dünne und schattige Harmonie empor hebt. Eine fast immer gleichförmige Leier und einerlei Singweise, nebst unendlicher Wiederholung verlegener Gesänge und abgedroschener Sprünge, die ganz verschlissen sind. Das kahle, erbettelte Hilfsmittel der so genannten Pasticci oder Pastetenflickerei, das so oft und viel herhalten muss, ein solcher Verfall der Tonkunst (derjenigen Undinge ganz zu schweigen, welche die Kunstrichter von selbst entdecken können) würde doch hoffentlich für die händelschen Werke einige Hochachtung erwecken.

Diejenige Hoffnung aber ist sehr gering, dass jemals einer entspringe, der solchem Künstler gleichkomme, vielweniger es ihm in allen zuvortue und er es auch durch eigenen Fleiß so weit bringe. Doch dennoch, da so viele Wege zur Vortrefflichkeit bisher hoffen stehen und so viele Stufen zur Ehre noch unbetreten sind, sollte man vermuten, dass dieses Exempel eines berühmten Fremdlings unseren Landsleuten vielmehr zu einem Antrieb als zu einer Abschreckung dienen werde, ihren Geist und Fleiß auch sehen zu lassen.

Die Mitwirkenden

Joseph Addison. Dichter, Politiker und Journalist, geboren am 1. Mai 1672 in Milston, Wiltshire, gestorben am 17. Juni 1719 in Kensington / London. Er studierte an der Universität von Oxford und brach 1699 zu einer großen Reise, seiner „Grand Tour", durch Frankreich und Italien auf, um die Kulturen und das Leben in diesen Ländern zu erkunden. Nach seiner Rückkehr 1703 ließ er sich als Schriftsteller und Publizist in der Nähe von London nieder. Im selben Jahr gründete er das erste Wochenmagazin seiner Zeit, die literarische Zeitschrift Tatler, 1711 die Zeitschrift Spectator und 1713 die Zeitung The Guardian. Neben einer Fülle von Essays, anderer Werke und Literaturkritiken schrieb der das Libretto der Oper Rosamond, welches 1707 von Thomas Clayton und erneut 1733 von Thomas Arne vertont wurde. Im Jahre 1713 veröffentlichte er ein Drama mit dem Titel Cato.

Johann Adolf I von Sachsen-Weißenfels. Der zweite Herzog der kursächsischen Sekundogentur und Fürst von Sachsen-Querfurt wurde am 2. November 1649 in Halle geboren. Gestorben ist er am 24. Mai 1697 in Weißenfels. Der Landesherr entdeckte die aussergewöhnlichen musischen Talente des jungen Händel und überredete dessen Vater, sie zu fördern und seinem Sohn eine musikalische Ausbildung zu ermöglichen.

Tomaso Giovanni Albinoni. Der italienische Violonist und Komponist wurde am 8. Juni 1671 in Venedig geboren, wo er am 17. Januar 1751 auch verstorben ist. Er hat im elterlichen Betrieb das Handwerk eines Spielkartenmachers erlernt und daneben aufgrund seiner früh erkannten musikalischen Begabung eine profunde Ausbildung in Komposition, Gesang und dem Violinspiel genossen. Seine erste Instrumentalkompositionen veröffentlichte er quasi nebenberuflich im Jahre 1694. Im selben Jahr entstand auch seine erste Oper Zenobia. Von da an verfasste er bis zu zwei Opern jährlich, die an den renommiertesten Opernhäusern zur Aufführung gelangten. Zunächst nur innerhalb Italiens, ab den 1720er Jahren auch in anderen europäischen Ländern. Er galt bald als großer musikalischer Innovator, der sich nicht an die modischen Strömungen der Zeit anpasste sondern einen höchst individuellen Stil entwickelte.

Attilo Ariosti. Der italienische Künstler wurde am 5. November 1666 in Bologna geboren, gestorben ist er 1729 in London. Er gehört zu den herausragenden Komponisten des Barock und schuf zahlreiche Opern, Oratorien, Ballettmusiken und Instrumentalwerke. 1719 arbeitete er eng mit Händel bei Kantaten für die Royal Academy of Music in London zusammen. Besonders geschätzt wurde er für sein enharmonisches Komponieren.

Antonio Bernacchi. Der Sänger wurde 1690 in Bologna geboren und hat bis 1756 gelebt. Er war einer der berühmtesten Kastraten seiner Zeit und konnte besonders in Wien, München und London große Publikumserfolge feiern. Mit seiner Gesangskunst setzte er mit seiner überragenden Virtuosität und einem verblüffenden Improvisationsvermögen wegweisende Maßstäbe für das Musikleben des Barock.

Francesco Bernardi alias Sensino. Der italienische Sänger wurde um 1690 in Siena geboren, ist am 27. Januar 1759 gestorben und war ein weithin gefragter Kastrat in Altlage. Händel hat ihn nach London engagiert, dort konnte er seine größten Erfolge besonders mit Heldenrollen in Opern wie Guilo Cesare oder Riccordo Primo verbuchen.

Giovanni Battista Bonocini. Der italienische Cellist und Komponist wurde am 18. Juli 1670 in Modena geboren, gestorben ist er am 9. Juli 1747 in Venedig. Am 1688 arbeitete er als Kirchenmusiker in Bologna, später war er Mitglied der Hofkapelle von Kaiser Leopold I in Wien, besuchte Berlin zur Uraufführung seiner Oper Polifemo und wurde 1720 gemeinsam mit Händel an die italienische Oper in London berufen. Er war von 1720 bis 1724 Mitglied der Londoner Royal Academy of Music und arbeitete auch für das Londoner King's Theatre, wo sich bei einer Aufführung seiner Oper Astinatte der berühmte Eklat zwischen den Primadonnen Faustina Bordoni und Francesca Cuzzoni abspielte. Er komponierte 12 Opern und zahlreiche Kantaten, Sinfonien und Madrigale. 1741 wurde ihm für seine künstlerischen Leistungen von der österreichischen Kaiserin Maria Theresia eine lebenslange Pension zuerkannt.

Faustina Bordoni, verheiratete Hasse. Die italienische Mezzosopranistin wurde am 11. November 1697 in Venedig geboren und ist dort am 4. November 1781 gestorben. Sie hatte im Herbst 1716 ein Aufsehen erregendes Debut am venizianischen Teatro San Giovanni Chrisostomo und galt fortan als eine der besten Sängerinnen Italiens. Händel holte sie 1726 nach London, wo sie sich 1727 am King's Theatry in der Bononcini Oper Astianatte mit ihrer Kollegin Francesca Cuzzioni auf offener Bühne einen Zickenkrieg lieferte, der in die Musikgeschichte eingegangen ist, sie in ganz Europa berühmt und zu einem gefragten Opernstar machte. 1730 heiratete sie den deutschen Komponisten Johann Adolf Hasse, beide arbeiteten viele Jahre an der sächsischen Hofoper in Dresden. 1751 nahm sie ihren Abschied von der Bühne und verbrachte ihren Lebensabend in ihrer Geburtsstadt Venedig.

Richard Boyle, dritter Earl of Burlington. Der englische Adlige und Architekt wurde am 25. April 1694 in Yorkshire geboren und ist am 15. Dezember 1753 in seinem Stammhaus verstorben. Er besaß große Ländereien in Irland und Yorkshire und stellte Händel sein Domizil Burlington House am Piccadilly zur Verfügung. Berühmt wurde er als einer der Initiatoren des englischen Palladianismus, der sich ab 1730 überall in England als architektonischer Stil für Landsitze der wohlhabenden Klassen und für öffentliche Gebäude durchsetzte.

Charles Burney. Der englische Musikhistoriker, Komponist und Organist wurde am 7. April 1726 in Shrewsbury, Shropshire geboren und ist am 12. April 1814 in Chelsea / London verstorben. 1769 machte er an der Universität von Oxford seinen Doctor of Music. Er bereiste viele Länder Europas, studierte deren Musik und war Mitglied des Institut Française. Im Laufe seines Lebens komponierte er zahlreiche Sonaten, Konzerte und Vocalstücke und veröffentlichte zwischen 1776 und 1789 sein vierbändiges Standardwerk „A General History of Music". 1771 erschien sein Buch „The Present State of Music in France and Italy", 1773 folgte der Band „The Present State of Music in Germany". 1785 verfasste er eine Gedenkschrift über Händel. Er galt als einer der bedeutendsten Musikwissenschaftler seiner Zeit.

Arcangelo Corelli. Der Komponist und Violinvirtuose wurde am 17. Februar 1653 im italienischen Fusignano geboren, ist am 8. Januar 1713 in Rom gestorben und konnte zu seinen Lebzeiten in ganz Europa seine musikalischen Wirkungen entfalten. Ab 1679 war er an der Accademia Filharmonica in Bologna eingeschrieben, 1675 ließ er sich in Rom nieder und hat dort als virtuoser Violonist schnell einen Namen gemacht. 1706 wurde er in die Accademia del Arcadia aufgenommen, mit Händel war er ab 1707 über die gemeinsame Arbeit an mehreren Aufführungsprojekten eng verbunden. Corelli komponierte ausschließlich Instrumentalwerke, seine kompositorischen und violinistischen Qualitäten waren stilbildend und haben zahlreiche Musiker wie seinen Schüler Francesco Geminiani und bedeutende Komponisten wie Vivaldi oder Telemann inspiriert.

Francesca Cuzzoni. Die italienische Sopranistin gab ihren ersten Laut am 2. April 1698 in Parma von sich, für immer verstummt ist sie am 19. Juni 1770 in Bologna. Nach ihrer Gesangsausbildung und ersten Bühnenerfahrungen begann sie ihre professionelle Karriere 1718 in Venedig, 1722 engagierte sie Händel für seine Royal Academy of Music nach London, wo sie bald zur Hochform auflief und zum großen Opernstar avancierte. Sie war beim berühmten Primadonnenkrieg am 6. Juni 1727 während einer Vorstellung der Bononcini Oper Astinatte auf offener Bühne des King's Thetatre in London mit von der Partie und inszinierte dort contra ihrer Kollegin Faustina Bordoni einen spektakulären Eklat, der in ganz Europa für Gesprächsstoff sorgte und auch ihr zu zahlreichen Gastspielen in den damaligen Musikmetropolen verhalf. Aufgrund ihrer extravaganten und sehr aufwändigen Lebensführung sowie einem eher unbedachten Umgang mit Geld geriet sie trotz ihrer guten Gagen mehrfach in die Überschuldung und musste deshalb sogar zwei Gefängnisstrafen verbüßen. Im Alter verdiente sie ihren Lebensunterhalt als Knopfmacherin und starb schließlich völlig verarmt.

Jean-Baptiste Dubos. Der französische Historiker, Theologe und Schriftsteller kam 1670 zur Welt und ist am 24. März 1742 in Paris verstorben. Er hat Rechtswissenschaften und Theologie studiert, eine Weile im Staatsdienst gearbeitet, gehörte als Abbé zum niederen Klerus und war Mitglied der Academie Française. Er machte sich einen Namen als geistreicher Ästhetiker und Kritiker des Rationalismus, postulierte die Empfindsamkeit und provozierte damals besonders mit seinen geistlichen Schriften. Sein Werk „Kritische Betrachtungen über die Poesie und Malerei" aus dem Jahr 1719 hatte einen enormen Einfluß auf die Entwicklung des Theaters und der Musik (nebst Denken und Fühlen) im 18. Jahrhundert und weit darüber hinaus.

Francesco Xaverio Geminiani. Der italienische Komponist ist 1680 in Lucca geboren und am 17. September 1762 in Dublin gestorben. Er hat Violine bei Arcangelo Corelli und Komposition bei Alessandro Scarlatti in Mailand studiert und leitete später die Oper von Neapel. In Italien, Frankreich und Irland war er so etwas wie ein Star unter den Violinvirtuosen, dessen innovative Modulatorik für Furore sorgte. 1759 ließ er sich in Dublin nieder und wirkte dort als Konzertmeister. 1751 erschien sein didaktisches Standardwerk zur „Kunst des Violinspiels".

Niccolo Grimaldi alias Nicolini. Der italienische Sänger ist 1673 in Neapel geboren und 1732 ebenda gestorben und war einer der populärsten Sopranisten und Operndarsteller seiner Zeit. Mit 12 Jahren debutierte er bereits mit einer Pagenrolle, 1708 sorgte er mit dem ersten Auftritt eines Kastraten in London für großes Aufsehen und erwarb sich damit einen Ehrenplatz in der englischen Musikgeschichte. 1711 sang er in London unter großem Beifall die Titelrolle in Händels Oper Rinaldo.

Vincenzo Grimani. Der Theologe ist Jahrgang 1655 und am 26. September 1710 in Neapel gestorben. Er war Abt von S. Maria de Lucedo und wurde 1710 zum Kardinal ernannt. Von 1708 bis 1710 bekleidete er das Amt des habsburgischen Vizekönigs von Neapel sowie das eines kaiserlichen Botschafters im Vatikan. Er besaß das Teatro San Giovanni Chrisostomo in Venedig und war überdies als Librettist erfolgreich. So ist z.B. das Libretto von Händels Oper Agrippina von ihm geschrieben worden.

Dorothea Händel. Die Mutter von Georg Friedrich Händel hat zwischen 1651 und 1730 gelebt. Sie ist in einer Pastoren-Familie als zweite Tochter des Pfarrers von St. Bartholomäus Georg Taust aufgewachsen. Und dann zweite und gut dreißig Jahre jüngere Ehefrau des Georg Händel geworden. Mit ihrem musisch begabten Sohn pflegte sie zeitlebens ein gutes Verhältnis. Der unterstützt sie nach Kräften und hielt zu ihr und seinen beiden Schwestern Johanna Christina (1690 - 1709) und Dorothea Sophia (1697 - 1718) engen Kontakt.

Georg Händel. Händels Vater wurde am 24. September 1622 in Halle an der Saale geboren und ist ebenda am 14. Februar 1697 gestorben. Als er schon sehr früh mit 14 Jahren seinen Vater durch die Pest verloren hatte und deshalb sein Wunschberuf Jurist unerreichbar geworden war, gelang es seiner Mutter für seine Ausbildung zum Wundarzt zu sorgen. So konnte er in seiner Heimatstadt auskömmlich als Barbier und Wundarzt praktizieren und nach 1666 auch noch eine kleine Weinschenke betreiben. Und überdies angesehene Ämter wie das des Hofchirurgen von Herzog Johann Adolf I von Sachsen-Weißenfels oder eines Amtschirurgen bekleiden. Nach dem Tod seiner ersten Frau Anna heiratete er im Jahr 1683 die erheblich jüngere Pfarrerstochter Dorothea Taust, die zwei Jahre später den Sohn Georg Friedrich zur Welt brachte. Obwohl sich dessen musikalische Begabungen schon sehr früh bemerkbar machten, hatte der Vater für seinen Sohn die juristische Laufbahn im Sinn. Und es bedurfte einer Menge beharrliches Insistieren des familiären Umfeldes und seines herzoglichen Landesherrn, Georg Händel davon zu überzeugen, das künstlerische Potential seines Sohnes schließlich doch noch in gute Hände zu geben und ihm eine fundierte musikalische Ausbildung zu ermöglichen.

Johann Adolph Hasse alias Giovanni Adolfo. Der Sänger und Komponist ist 1699 in Bergedorf bei Hamburg geboren worden und am 16. Dezember 1783 in Venedig verstorben. Nach einem Gesangsstudium hatte er sein erstes Engagement als Tenor an der Oper am Gänsemarkt in Hamburg. Seine erste eigene Oper Antioco kam am 11. August 1721 mit ihm selbst in der Titelrolle im Opernhaus am Hagenmarkt in Braunschweig zur Uraufführung. Darauf studierte er von 1722 an Komposition bei den italienischen Meistern Nicoloa Porpora und Alessandro Scarlatti in Neapel und übernahm schließlich für rund 30 Jahre das Amt des Hofkapellmeisters in Dresden. Im April 1773 ließ es sich in Venedig nieder, wo er ein Haus besaß, und verbrachte dort seinen Lebensabend. Überall in Europa wurden seine Künste geschätzt, Anhänger der Aufklärung um Voltaire und Rousseau nannten ihn gar einen Helden des Jahrhunderts. Er komponiert Zeit seines Lebens zahlreiche wegweisende Opern, Oratorien und Kirchenmusikern, der Opera Seria hat er mit seinem Schaffen ein Denkmal gesetzt.

Johann Jacob Heidegger alias John James Heidegger. Der Musikmanager ist am 16. Juni 1659 in Zürich geboren worden und am 7. September 1749 in Richmond upon Thames gestorben. Sein Vater Johann Heinrich Heidegger (1633 - 1698) war Professor für Hebräisch und Theologie und wehementer Verfechter einer Verständigung zwischen lutherischer und reformierter Kirche. Was dem Sohn wahrscheinlich motiviert hat, nach London zu gehen und dort eine Karriere als Impresario zu beginnen. Ab 1710 als Direktionsassistent beim Queen's Theatre, von

1719 bis 1728 auch als Direktor der Royal Academy of Music, für die sich neben G.F. Händel einige der führenden Komponisten der Zeit engagierten.

Aaron Hill. Der Schriftsteller, Lyriker und Dramatiker kam am 10. Februar 1685 zur Welt und ist am 8. Februar 1750 gestorben. Er war Absolvent der Westminster School und begann seine berufliche Laufbahn mit 24 Jahren als Intendant und Dramaturg des Royal Theatre an der Londoner Drury Lane. Er hat sehr eng mit Händel zusammengearbeitet und z.B. die Uraufführung dessen Oper Rinaldo am Queen's Theatre in London betreut. Sein Lebenswerk umfasst 17 Theaterstücke und eine Fülle von Essays, Gedichten und literarischen Briefen, die posthum zwischen 1753 und 1760 in viel beachteten Werkausgaben veröffentlicht worden sind.

Charles Jennens. Der Mäzen und Librettist ist 1701 in Leicestershire geboren worden und hat bis zum 20. November 1773 gelebt. Er war mit einem beträchtlichem Erbe aus großen Eisenmanufakturen nebst erheblichem Grundbesitz gesegnet und setzte zeitlebens sein stattliches Vermögen sachkundig zur Förderung der Künste ein. Für Händel besorgte er die Textzusammenstellungen und Bearbeitungen zu Händel-Oratorien Saul (1738), Moderato (1740) oder Messiah (1741).

Niccolò Jomelli. Der am 10. September 1714 in Aversa und am 25. August 1774 in Neapel verstorbene Komponist vermochte schon in jungen Jahren mit seinen Opern zu begeistern und arbeitete als Direktor des venizianischen Conservatorio degli Incurabili und als Hofkapellmeister des Herzogs Karl Eugen von Württemberg in Stuttgart. Von ihm stammen mehr als 60 Opern, diverse Messen, Oratorien, Serenaden und Kammermusiken, seine Spezialität waren kongeniale Verknüpfungen italienischer und französischer Operntraditionen. Der Nachwelt gilt er als führender Vertreter der Opera Seria.

Reinhard Keiser. Der Komponist, Opernproduzent und Musikmanager wurde um 1674 in Teuchern geboren und ist am 12. September 1739 in Hamburg gestorben. Schon zu Lebzeiten reussierte er als einer der weitreichendsten Opernkomponisten des Barock. Sein Zeitgenosse und vertrauter Kollege Johann Mattheson lobte ihn als „den grössten Opern-Componist von der Welt". Er schrieb zahlreiche stilbildende

Opern und Instrumentalstücke und sogar einige Lieder in plattdeutscher Mundart. Die meisten seiner Bühnenwerke entstanden für das Opernhaus am Gänsemarkt in Hamburg, das er von 1703 bis 1707 auch leitete. Er lebte das an die damalige Zeit unangepasste Leben eines freigeistigen Bohemien.

Johann Krieger. Der Organist und Komponist wurde um 1652 geboren und ist am 18. Juli 1735 in Zittau gestorben. Er hatte eine musikalische Ausbildung bei dem Kirchenmusiker und Kapellmeister Heinrich Schwemmer erhalten und Unterricht am Cembalo beim meisterhaften Caspar Wecker genommen. Und damit das Fundament für sein bemerkenswertes Lebenswerk gelegt. Händel schätzte seine Doppelfugen und förderte die Verbreitung seiner Werke in England. Einige seiner Kantaten gelten als archetypisch für den späten Madrigalstil.

Johann Philipp Krieger. Der Komponist, Organist und Kapellmeister ist am 26. Februar 1649 in Nürnberg geboren worden und am 6. Februar 1725 in Weißenfels verstorben. Er stammt aus dem Hause eines Garnfärbers und Teppichmachers und hatte das Glück einer frühen musikalischen (Aus-) Bildung an Tasten-, Streich- und Blasinstrumenten. Sein besonderes Interesse galt der italienischen Musik und Oper, die er dortselbst studierte. Von 1677 an arbeitete er als Musiker, später Vizekapellmeister am Hof von Herzog August von Sachsen-Weißenfels. Im Verlauf seines Lebens sind neben den Opern über 200 Kantaten entstanden. Mit der Händelschen Familie war er durch Heirat verwandtschaftlich verbunden.

Heiliger Longinus. Von ihm künden alte Legenden. Ob er wirklich gelebt hat, lässt sich nicht belegen, das ist Sache des guten Glaubens. Dem Vernehmen nach soll er jener römische Centurio gewesen sein, der dem gekreuzigten Jesus seine Lanze in die Seite stieß und laut Markus Evangelium die Gottesschaft Jesu bezeugte. So entstehen aus phantasievollen Mythen geradezu archetypische Charaktere, die für die Oper wie geschaffen scheinen.

Giovanni Battista Lulli alias Jean-Baptiste Lully. Der französische Komponist italienischer Herkunft wurde am 28. November 1632 in Florenz geboren und ist am 22. März 1687 in Paris gestorben. Er war am Hof Ludwigs des XIV in Lohn und Brot. Lange Jahre gehörte er zu den besonderen Günstlingen des Königs und kannte viele kreative Größen seiner Zeit persönlich. Mit dem Denker Molière war er gut befreundet. Anstoss erregten seine Homosexualität und sein Hang zu gelegentlichen orgiastischen Ausschweifungen, einmal fiel er deswegen beim König sogar in Ungnade. Mit dem von ihm entwickelten französischen Rezitativ und seinen zahlreichen geistlichen und weltlichen Vokalwerken, seinen Ballettmusiken, den Instrumentalkompositionen und seinen Opern übte er nachhaltigen Einfluss auf die europäische Musik des 17. Jahrhunderts im Allgemeinen und auf Händel im Besonderen aus. Sein Tod gehört zu den tragischen Kuriosotäten der Musikgeschichte. Verstarb er doch an Wundbrand, nachdem er sich beim Dirigieren den Taktstock in seinen Fuß gerammt und trotz Infektion eine Amputation verweigert hatte.

Pietro Ottoboni. Der Großneffe von Papst Alexander III wurde am 2. Juli 1667 in Venedig geboren und verstarb am 28. Februar 1740 in Rom. Er war er ein klassisch katholischer Mensch. Und wurde schon früh mit 22 Jahren zum Kardinal ernannt. Später bekleidete er hochrangige Ämter wie das des Dekans des Kardinalskollegiums oder eines Fizekanzlers der Heiligen Kirche. Und zeitlebens war er ein musikalischer Mensch, vor und hinter den Kulissen großzügiger Mäzen und engagierter Förderer von Literatur, Kunst und Musik. Bemerkenswert sind seine librettistischen Talente, einige Werke aus seiner Feder wurden von dem Star-Komponisten Alessandro Scarlatti vertont.

Alexander Pope. Der englische Literat ist am 21. Mai 1688 in London auf die Welt gekommen, am 30. Mai 1744 in Twickenham gestorben und war bekannt für seine vielseitigen Qualitäten als Dichter, Essayist, Übersetzer und als einer der ersten professionellen Autoren nicht-dramatischer Werke in der englischen Literaturgeschichte. Seine Homer-Übersetzungen in die englische Sprache gelten als Klassiker. Einer seiner engsten Freunde war der Schriftsteller Oliver Swift, dem er bei der Veröffentlichung dessen Romans Gulivers Reisen unter die Arme greifen konnte. Neben der Schriftstellerei beschäftigte er sich sachkundig und hingebungsvoll mit dem Garten- und Landschaftsbau.

Nicola Antonio Porpora. Der Gesangslehrer und Komponist wurde am 17. August 1686 in Neapel geboren und ist am 3. März 1768 ebenda gestorben. Die ersten Stationen seiner Laufbahn waren eine Anstellung als Kapellmeister beim Prinzen Phillip von Hessen-Darmstadt, ab 1715 seine Nachwuchsförderung als Gesangslehrer am Conservatorio San Onofrio, das als Talentschmiede großes Ansehen genoss, oder ab 1725 die Leitung des Ospedale degli Incurabli in Venedig. Im Jahre 1733 übernahm er die künstlerische Leitung der vom Prince of Wales geförderten Opera of the Nobility, die im Haymarket Theatre sowie im Covent Garden Quartier bezog und eine heftige Konkurrenz zu Händels Projekten entfaltete. Zeitlebens galt er als Koryphäe unter den europäischen Gesangslehrern, seine progressiven Lehrmethoden hatten großen Einfluss auf die Gesangskultur des 18. Jahrhunderts. Das kompositorische Werk umfasst zahlreiche Serenaden, Oratorien, Sinfonien Sonaten und einige bedeutende Opern, die ihn als führenden Vertreter der Opera Seria ausweisen.

Pietro Allessandro Gaspare Scarlatti. Der Komponist ist am 2. Mai 1660 in Sizilien geboren worden, am 24. Oktober 1725 in Neapel verstorben und gehörte zur Elite der europäischen Komponisten seiner Zeit. Aus seiner Feder stammen Oratorien, Kantaten, Kirchenmusiken und Instrumentalkompositionen, viele von ihnen zählen zu den Meisterwerken des Barock und übten großen Einfluss auf die Kammermusik der Vorklassik aus. Seine über einhundert Opern, mit denen er die dreisätzige Sinfonia als Einleitung etablierte, galten vielfach und weithin als stilbildend.

Dominico Scarlatti. Der Cembalist und Komponist ist am 26. Oktober 1685 als Sohn des Komonisten Alessandro Scarlatti in Neapel zur Welt gekommen und am 23. Juli 1757 in Madrid gestorben. Bekannt wurde er besonders durch seine in Madrid komponierten Sonaten, die mit der Verarbeitung der reichen spanisch-/iberischen Musiktraditionen neue Akzente setzten und sie mit der ganzen Welt in Verbindung brachten.

Agostino Steffani. Das Leben des am 25. Juni 1654 in Castelfranco Veneto geborenen und am 12. Februar 1728 in Frankfurt am Main gestorbenen Künstlers und Kirchenmannes ist ein typisches Beispiel dafür, wie feinmaschig Kirche, Kunst und Kultur in der damaligen Zeit personell und pekuniär miteinander verwoben waren. Der Komponist und Organist stand in diplomatischen Diensten des Vatikan, bekleidete den Posten eines Apostolischen Vikars für Ober- und Niedersachsen, war Rector Magnificus und Kurator an der Universität Heidelberg und wurde 1706 zum Titularbischof ernannt. Er arbeitete aber auch als Opernkapellmeister am Hofe des Herzogs Ernst August von Hannover machte mit einem reichhaltigen kompositorischen Werk von sich reden. Sein Augenmerk galt vor allem der Integration deutscher und französischer Elemente in die italienische Musik.

Giuseppe Tartini. Der Violonist und Komponist wurde am 8. April 1692 in Pirano bei Triest geboren und ist am 26. Februar 1770 in Padua gestorben. Er hat Rechtswissenschaft und Komposition studiert und später in Padua eine erfolgreiche Musikschule gegründet, die bald zu den angesehensten in ganz Europa gehörte. Die Welt verdankt im ein umfangreiches Werk aus Konzerten für Streicher, Violinsonaten, Triosonaten und geistlichen Vokalstücken, die weithin lebhafte Verbreitung gefunden haben. Mit seiner Teufelstrillersonate ist ihm ein regelrechter Evergreen gelungen.

Georg Philipp Telemann. Der am 14. März 1681 in Magdeburg geborene Musiker und Komponist zählt zu den produktivsten Protagonisten der europäischen Musikgeschichte. Bis zu seinem Tod am 25. Juni 1767 in Hamburg hat er mindestens 3.600 Werke erschaffen und mit seinem beachtlichen Œuvre praktisch alle Gattungen bedient, die zu seinen Lebzeiten gängig und populär waren. Im zehnten Lebensjahr entstanden bereits erste Kompositionen, mit zwölf Jahren komponierte er seine erste Oper Sigismundus auf ein Libretto von Heinrich Postel. Seinen Eltern erschienen die schon früh offenbaren musischen Begabungen ihres jüngsten Sprösslings nicht unbedingt geeignet, um darauf eine berufliche Laufbahn zu gründen, wie sie dem Ideal einer Familie gut situierter Kirchenbeamter entsprach. Sie ermöglichten dem Jungen aber eine gründliche Allgemeinbildung, der mit deutscher Literatur, Rhetorik, Latein, Englisch, Französisch und Italienisch bald ebenso vertraut wurde, wie mit der autodidaktisch erlernten Beherrschung einer Vielzahl unterschiedlicher Musikinstrumente. Zwischen 1697 und 1701 besuchte er das Hildesheimer Gymnasium Andreanum, dessen Direktor auch die musikalische Bildung seines Schülers nach Kräften förderte. Anschließend schrieb er sich an der Universität Leipzig ein, um dort auf Wunsch der Mutter ein Jurastudium zu beginnen. Auf dem Weg dorthin begegnete er in Halle dem jungen Händel, mit dem ihm fortan eine lebenslange Freundschaft mit einem regen Austausch musikalischer Inspirationen verband. In Leipzig blühte damals das Musikleben. Und so nimmt es nicht Wunder, wenn der Jurastudent Telemann dort seine Karriere als professioneller Musiker begann. Nach Stationen am Hof von Sorau in der Niederlausitz, wo er als Kapellmeister beschäftigt war, einem Engagement als Kantor und Kapellmeister in Diensten des Herzogs Johann Wilhelm in Eisenach sowie als städtischer Musikdirektor in Frankfurt am Main, ließ er sich 1721 schließlich in Hamburg nieder, wo er die Ämter des Director Musices und Cantor Johannei, später auch die Leitung der Oper übernahm. 1728 gründete er die erste Musikzeitschrift Deutschlands „Der Getreue Musikmeister" und war außerdem auch noch als Veranstalter und Musikverleger aktiv. Sein letztes Werk komponierte er 1767, kurz darauf verstarb er an einer Lungenentzündung.

Christian Thomasius. Der Rechtsgelehrte, Philosoph, Hochschullehrer und Publizist ist am 1. Januar 1655 in Leipzig als Sohn des Philosophen Jakob Thomasius geboren worden, zu dessen Schülern auch Gottfried Wilhelm Leibnitz gehörte. Gestorben ist er am 23. September 1728 in Halle und als nonkonformistischer Denker in die europäische Geistesgeschichte eingegangen. Er hat Mathematik, Physik, Philosophie und Geschichte in Halle und der Viadrina in Frankfurt an der Oder studiert, wo er auch erste Jura-Vorlesungen abhielt. Ein Freigeist, dessen Lebenswerk den Boden für eine Reform einer in überholten Konventionen erstarrten Rechtskunde bereitete. Als scharfer Kritiker von Orthodoxie, Scholastik und jedweder bigotter Gesinnung oft höchst umstritten, setzten von ihm publizierte Werke wie sein „Lehrbuch des Naturrechts" aus dem Jahre 1687 oder seine 1701 erschienene „Dissertatio De Crimine Magiae" grundlegende Veränderungen im allgemeinen Rechtsempfinden in Gang. Sowohl hinsichtlich der Abschaffung von Hexenprozessen und rationalem Strafrecht, als auch im Zusammenhang mit gravierenden Modernisierungen des Feudal- und Staatsrechts. Im Jahre 1710 wurde er aufgrund seiner rechtspolitischen Leistungen zum Ordinarius der Universität Halle berufen.

Friedrich Wilhelm Zachow, (in Publikationen) auch Zachau genannt. Dem am 14. November 1663 in Leipzig getauften und am 7. August 1712 in Halle verstorbenen Organisten, Komponisten und Musiklehrer hat der junge Händel vor allem die musikhandwerklichen Grundlagen seiner ungewöhnlich produktiven Karriere zu verdanken. Als erster Sohn des Geigers und Stadtpfeifers Heinrich Zachow ist er in die Fußstapfen seines Vaters getreten und hat „sowohl die Organisten- als Stadtpfeifer-Kunst ex fundamento" von der Pike auf erlernt. Am 11. August 1684 wurde er zum Organisten an der Marienkirche in Halle bestimmt und war damit zugleich Leiter der Kirchenmusiken des hallischen Stadtchors sowie Direktor des städtischen Chorus Musicus. Neben einem passablem Fundus barocker Kompositionen setzte er mit seiner glücklichen Hand bei Auswahl und Unterweisung hoch begabter Schüler eine musikalische Talentschmiede allerersten Ranges ins Werk.

Das Zeitgeschehen

1685 Am 23. Februar wird G.F. Händel in Halle an der Saale geboren. Der Grosse Kurfürst Friedrich Wilhelm erlässt am 25. Juni eine Verordnung zur Gründung der Berliner Börse. Ludwig der XIV hebt am 18. Oktober mit dem Edikt von Fontainbleau das Toleranzedikt von Nantes auf, welches von König Heinrich IV 1598 verfügt worden war und den Katholizismus zwar zur Staatsreligion gemacht, zugleich aber den Protestanten bzw. Hugenotten alle Bürgerrechte und religiöse Freiheiten zuerkannt hatte. Nach der Aufhebung des Toleranzedikts mussten viele hunderttausend Protestanten aus Frankreich fliehen, weil sie in ihrer Heimat an Leib und Leben nicht mehr sicher sein konnten und von Progromen bedroht wurden..

1686 Veröffentlichung der „Geometria Recondita" von Gottfried Wilhelm Leibnitz. Otto von Guericke, Erfinder von Luftpumpe, Elektrisiermaschine und Zentrifuge stirbt am 11. Mai (geb. 1602). Die spanische Kolonie Hispanola wird von einem verheerenden Erdbeben erschüttert, das weite Teile der Insel (mit den heutigen Ländern Dominikanischen Republik und Haiti) verwüstet.

1687 Geburt des Barockbaumeisters Balthasar Neumann am 27. Januar (gest. 1753). Am 5. Juli erscheint Newtons Aufsehen erregendes Werk „Philosopiae Naturalis Principia Mathematica". Bei der Belagerung der Akropolis legt am 26. September die venezianische Flotte den Pantheon in Trümmer.

1688 Friedrich I wird zum König von Preußen gekrönt. Am 21. Mai wird der englische Schriftsteller Alexander Pope geboren (gest. 1744). Unter der Führung des bayerischen Kurfürsten Maximilian II Emanuel erobern am 6. September die kaiserlichen Truppen das von den Osmanen besetzte Belgrad. Invasion Englands durch Wilhelm von Oranien.

1689 Jacob II landet am 12. März mit französischen Truppen in Irland und unterwirft große Teile der Insel. Schottische Royalisten schlagen am 27. Juli unter Befehl des Dunnie Dundee englische Truppen bei Killiecrankie. Am 6. Oktober wird Pietro Vito Ottoboni zum Papst Alexander VIII ausgerufen. Peter der Große steigt zum Alleinherrscher über Russland auf.

1690 Am 13. Januar wird der Musikhistoriker Gottfried Heinrich Stölzel geboren (gest. 1749). Der Nürnberger Johann Christoph Denner erfindet die Klarinette. Konzeption der Dampfmaschine durch Denis Papin. Wilhelm von Oranien besiegt am 12. Juli die katholische Armee von Jacob II am irischen River Boyne. Die englische Ost-Indien Gesellschaft errichtet in Indien eine Niederlassung, aus der sich später die Stadt Kalkutta entwickelt.

1691 Am 23. Juni stirbt der Sultan des Osmanischen Reiches Süleyman II. Aufgrund eines schweren Sturms havarieren am 3. September zwei englische Linienschiffe bei der Einfahrt in den Plymouth Sund, wobei über eintausend Seeleute ums Leben kommen. Am 12. September folgt Georg IV seinem Vater Georg III auf den sächsischen Thron. Wilhelm von Oranien beendet mit dem Vertrag von Limerick den Krieg mit den Jacobitern.

1692 Gründung des Kurfürstentums von Hannover. Herzog Ernst August von Braunschweig-Lüneburg-Calenberg wird am 22. März zum neunten Kurfüsten im Heiligen Römischen Reich ernannt. Der formelle Amtsantritt erfolgt im Jahre 1708. Mit den Seeschlachten von La Hogue und Kap Barfleur fügen Niederländer und Engländer der französischen Flotte desaströse Verluste zu. In Wien öffnet die Akademie der Künste ihre Pforten.

1693 In Italien bricht am 11. Januar der Vulkan Äthna aus. Daraufhin werden Sizilien und Malta von einem heftigen Erdbeben heimgesucht.

Die weltweit erste Frauenzeitschrift „The Ladie's Mercury" erscheint in London, kann sich aber nur kurze Zeit behaupten. In Nordamerika entsteht die mennonitische Sekte der Amisch. In Greenwich wird die Royal Hospital School eröffnet. Richard Hoare gründet die Hoare's Bank in London.

1694 August der Starke wird am 7. März Kurfürst von Sachsen. Am 11. Juli verschwindet Philipp Christoph von Königsmarck am Hof von Hannover und ward nie wieder gesehen. Wahrscheinlich ist er er Opfer eines Mordanschlags geworden, seine Leiche blieb allerdings verschollen. Am 27. Juli erfolgt in London die Gründung der Bank von England. Geburt des französischen Philosophen François Marie Arouet alias Voltaire am 21. November in Paris (gest. 1778 ebd.). Am 26. November stirbt der japanische Dichter Matsuo Basho (geb. 1644), er gilt als Pionier des Haiku.

1695 Gründung der Bank of Scotland am 17. Juli. In England wird die Zensur der Presse abgeschafft. Und am 31. Dezember die sog. „Fenstersteuer" eingeführt. Eine Abgabe auf Fenster in Wohngebäuden, welche dazu führte, dass viele Hausbesitzer die Fenster ihrer Häuser zumauerten. Mangels Tageslicht litten infolge dessen immer mehr Menschen, besonders der Unterschichten, an Vitamin D Mangel und erkrankten an Rachitis, weshalb dieses Leiden später auch als „englische Krankheit" bezeichnet wurde.

1696 Am 5. März wird der italienische Maler Giovanni Battista Tiepolo alias Giambattista Tiepolo in Venedig geboren (gest. 1770). Friedrich II. gründet am 11. Juli die Akademie der Künste zu Berlin. Zar Peter der Große setzt am 20. Oktober in der russischen Duma die Aufstellung einer Flotte durch und legt damit den Grundstein für die Grossmachtpolitik des Zarenreiches.

1697 Am 11. Februar stirbt Händels Vater Georg Händel. Der junge Händel kommt an den brandenburgischen Hof und lernt das Berliner (Musik-) Leben kennen. Peter der Große bricht zu seiner großen Europareise auf. Am 13. März erobern spanische Truppen mit der Stadt Tayasal, dem heutigen Flores, den letzten Rückzugsort der Itzá-Maya und machen ihn dem Erdboden gleich. Erstmals in Deutschland findet am 23. Juli in Leipzig eine Klassenlotterie statt.

1698 Am 4. Januar wird der Palast von Whitehall in London durch einen Brand zerstört. Georg Ludwig, später Georg I, folgt seinem Vater Ernst August auf den Thron von Hannover. Auf den Eddystone Rocks bei Plymouth wird der erste moderne Leuchtturm der neueren Seefahrtsgeschichte errichtet.

1699 Ende des großen Türkenkrieges zwischen Österreich und dem Osmanischen Reich mit dem Friedensvertrag von Karlowitz am 26. Januar. Am 25. März wird der deutsche Komponist Johann Adolph Hasse geboren (gest. 1783). Am 21. November kommt es zum Abschluss eines gegen Schweden gerichteten Bündnisvertrages zwischen Polen und Russland, der den großen nordischen Krieg einleitet. Der Sextant wird erfunden.

1700 Auf Anordnung Peters des Großen wird am 1. Januar in Rußland die byzantinische Jahresrechnung durch den julianischen Kalender ersetzt. König Ludwig XIV löst mit seiner Politik den Spanischen Erbfolgekrieg aus. Am 27. Februar entdeckt der Kapitän William Dampier die Insel Neubritannien in den Weiten des Pazifischen Ozeans. Mit dem Frieden von Traventhal enden am 18. August in Norddeutschland vorübergehend die Kampfhandlungen des Nordischen Krieges und verlagern sich in das Baltikum, nach Polen und nach Russland. Klemens XI wird am 23. November zum Papst gewählt.

1701 Am 18. Januar wird der Kurfürst von Brandenburg Friedrich II zum König von Preußen gekrönt. Erscheinen von Christian Thomasius „Dissertatio De Crimine Magiae" gegen die Hexenverfolgung. Der Komponist Georg Philipp Telemann lernt G.F. Händel in Halle kennen, die beiden begründen eine lebenslange Freundschaft. Das englische Parlament regelt mit dem Act of Settlement die Thronfolge des Hauses Hannover und der Regenten protestantischen Glaubens für das Königreich England.

1702 Nach dem Tod Wilhelm III besteigt Königin Anne als letzte Königin aus dem Haus Stuart den englischen Thron. G.F. Händel schreibt sich am 10. Februar zum Studium der Rechtswissenschaften bei Christian Thomasius an der Universität seiner Heimatstadt Halle ein. Am 11. März erscheint die erste Tageszeitung Englands „The Daily Courant".

1703 Gründung von St. Petersburg am 27. Mai durch Peter den Großen. Baubeginn des Buckingham Palace in London. Guillaume Amontons entdeckt den Einfluss der Temperatur auf Gasdruck und Volumen. G.F. Händel geht im Sommer nach Hamburg und tritt als Violinist in das Orchester der Oper am Gänsemarkt ein. Sie war auf Initiative des Ratsherrn Gerhard Schott am 2. Januar 1678 als erstes bürgerlich-städtisches Haus dieser Art im deutschen Sprachraum eröffnet worden und bis 1738 in Betrieb. Das Gebäude wurde 1765 abgerissen und durch den Neubau des Deutschen Nationaltheaters ersetzt. Im August begeben sich G.F. Händel und Johann Mattheson nach Lübeck. Um sich dort um die Nachfolge des Organisten und Komponisten Dietrich Buxtehude zu bewerben, der in den Ruhestand gehen wollte. Als sie erfuhren, dass mit dem Posten auch eine Verheiratung mit der Tochter Buxtehudes verbunden war, kehrten beide stantepede nach Hamburg zurück.

1704 Englische Truppen erobern Gibraltar. Uraufführung von Johann Matthesons Oper Cleopatra in Hamburg. Die Hansestadt hat zu dieser Zeit etwa 130 Tausend Einwohner. Isaac Newton veröffentlicht sein Werk Optics. Erscheinen der Satire „A Tale of Tub" von Jonathan Swift. Am 5. Dezember liefern sich G.F. Händel und Johann Mattheson in Hamburg ein Duell mit dem Degen. Beide bleiben unverletzt.

1705 Am 8. Januar geht in Hamburg die Uraufführung von G.F. Händels erster Oper Almira über die Bühne. Isaac Newton wird am 16. April von Königin Anne zum Ritter geschlagen. Der Wasserbauingeneur und Kartograf Nicolaus Samuelis Cryquius aus den Niederlanden beginnt am 19. Dezember in Delft mit den weltweit erstmals regelmässigen Aufzeichnungen von metereologischen Daten.

1706 Am 17. Januar wird Benjamin Franklin geboren (gest. 1790). In Mitteleuropa ist am 12. Mai eine totale Sonnenfinsternis zu beobachten. Am 23. Mai erleiden die Franzosen im Zuge des spanischen Erbfolgekrieges in der Schlacht von Ramillies eine Niederlage und müssen aus den spanischen Niederlanden abziehen. G.F. Händel reist nach Italien. Der schottische Seemann Alexander Selkirk wird auf einer menschenleeren Pazifik-Insel etwa 600 Kilometer vor der Küste Chiles ausgesetzt und erst nach vielen Jahren Einsiedelei gerettet. Dieser Vorfall lieferte dem Schriftsteller Daniel Defoe den Stoff für seinen Roman Robinson Crusoe.

1707 Am 20. Januar wird Friedrich Ludwig von Hannover, Prince of Wales, geboren (gest. 1751). Am 22. April kommt der englische Schriftsteller Henry Fielding zur Welt (gest. 1754). Das schottische Parlament stimmt der Vereinigung Schottlands und Englands zu. Der Act of Union tritt am 1. Mai in Kraft. Am 9. Mai stirbt in Lübeck der Musiker Dietrich Buxtehude (geb. 1637 in Helsingborg). In London konstituiert sich am 23. Oktober ein neues britisches Parlament. In Florenz macht die Uraufführung von Händels Oper Rodrigo Furore.

1708 G.F. Händel versteht es, das römische Publikum mit Werken wie dem Oratorium La Resurrezione zu begeistern. In Meißen gelingt Johann Friedrich Böttger und Ehrenfried Walther von Tschirnhaus erstmals in Europa die Herstellung von Porzellan. Am 20. Oktober wird in London die Saint Paul's Cathedral fertig gestellt.

1709 Ein Jahrhundertwinter führt in ganz Europa zu Preissteigerungen bei Nahrungsmitteln und in einigen Regionen zu Hungersnöten. In Köln wird die erste Parfumfabrik der Welt gegründet. In Venedig erreicht G.F. Händel eine Berufung zum Kapellmeister am Hof des Kurfürsten Georg Ludwig von Hannover.

1710 Tod des spanischen Komponisten und Gitarristen Gaspar Sanz alias Francisco Bartolomé Sanz Celma (geb. 1640). Zurück in Deutschland, tritt G.F. Händel am 16. Juni in Hannover sein Amt als Kapellmeister an, reist aber gegen Jahresende nach London. Die Einwohnerzahl der englischen Metropole beläuft sich zu dieser Zeit auf etwa eine halbe Million Personen. Am 22. November wird in Weimar der Komponist Wilhelm Friedemann Bach geboren (gest. 1784 in Berlin).

1711 Am 9. Februar wird Johann Matthesons Oper Henrico IV in Hamburg uraufgeführt. Mit der Uraufführung seiner Oper Rinaldo im Londoner Haymarket Theatre kann G.F. Händel in England einen ersten großen Triumph verbuchen. Am 1. September wird Wilhelm IV von Oranien alias Wilhelm Carl Heinrich Friso in Leeuwarden geboren (gest. 1751). Karl VI wird am 12. Oktober zum Deutschen Kaiser gewählt.

1712 Geburt Friedrich des Großen am 24. Januar in Berlin (gest. 1786 in Potsdam). Am 29. Januar beginnt die Konferenz in Utrecht zur Beendigung des Spanischen Erbfolgekrieges. St. Petersburg wird russische

Hauptstadt. Geburt des französischen Philosophen Jean Jaques Rousseau am 28. Juni (gest. 1778). Nach langem und heftigem politischen Streit erhält Hamburg eine neue Verfassung, mit der Rat und Bürgerschaft eine gleichberechtigte Stellung erlangen.

1713 Am 9. Januar wird die Stadt Altona bei Hamburg von einem schwedischen Heer unter General Stenbock in Schutt und Asche gelegt. Mit dem Friedensschluss von Utrecht endet am 11. März der Spanische Successionskrieg. G.F. Händel vollendet sein „Utrechter Te Deum" nach der Vorlage des „Te Deum An Jubilate" von Henry Purcell aus dem Jahre 1694. Für diese Arbeit wird G.F. Händel von Königin Anne eine lebenslange Leibrente von 200 Pfund zugesprochen. Nach heutiger Rechnung würde das einem Jahreseinkommen von ungefähr 120 Tausend Euro entsprechen. Später verdoppelt der neue König Georg I die Alimentierung auf 400 Pfund jährlich. Veröffentlichung des weltweit ersten Standardwerks zur Forstwirtschaft „Sylvicultura Oeconomica" von Hans Carl von Carlowitz, welches das Prinzip der Nachhaltigkeit postuliert.

1714 Tod von Königin Anne am 1. August im Kensington Palace. Bereits gegen vier Uhr Nachmittags wird Georg Ludwig von Hannover als Georg I zum Nachfolger auf den englischen Thron ausgerufen. Seine Krönung zum König von Großbritannien findet am 20. Oktober in der Westminster Abbey statt. Daniel Gabriel Fahrenheit aus Danzig konzipiert die Fahrenheit-Skala. Der Komponist Christoph Willibald Ritter von Gluck wird geboren (gest. 1787).

1715 Von Südengland über Schweden bis Finnland ist eine totale Sonnenfinsternis zu sehen. Am 1. September stirbt der Sonnenkönig Ludwig XIV von Frankreich (geb. 1638). Eine Rebellion der Jacobiter in Groß Britannien scheitert.

1716 Als erstes europäisches Land führt Frankreich das Papiergeld ein. Mit dem Septennial Act wird die englische Parlamentsperiode auf sieben Jahre begrenzt. Im Gefolge von Georg I besucht Händel seine alte Heimat und komponiert die Passion „Der für die Sünde gemarterte und sterbende Jesus" nach einer Dichtung von Barthold Heinrich Brockes. Am 26. Dezember wird in London der englische Schriftsteller Thomas Gray geboren (gest. 1771 in Cambridge).

1717 Am 4. April findet im King's Theatre in London die Uraufführung der Oper Tito Manlio von Attilio Ariosti statt. Am 25. Juni kommt es zur Gründung der ersten Großloge von England. G.F. Händels Wassermusik erklingt erstmals öffentlich am 17. Juli auf der Themse in London. König Friedrich Wilhelm I führt in Preußen die allgemeine Schulpflicht für Kinder zwischen neun und 12 Jahren ein. Am 9. Dezember wird der Archäologe Johann Joachim Winckelmann geboren (ermordet 1768).

1718 Am 15. Mai erhält der Londoner Anwalt James Puckle ein Patent auf seine Erfindung einer Vorform des Maschinengewehrs. Leutnant Robert Maynard tötet am 21. November in der Karibik den Piraten Edward Teach alias Edward Thatch alias Blackbeard.

1719 Baubeginn der Würzburger Residenz (Fertigstellung 1744), eines typischen Bauwerks des Barock, entworfen vom Baumeister Balthasar Neumann. Am 14. April wird der Roman Robinson Crusoe von Daniel Defoe veröffentlicht. G.F. Händel verlässt im Frühjahr die freigeistige Gesellschaft des Earl of Chandos in Canons um als musikalischer Direktor erste Vorbereitungen für das Projekt einer Royal Academie of Music am Londoner King's Theatre zu treffen. Im Juni bahnt sich in England mit der sog. „Southseabubble" eine der bis dahin größten Spekulationsblasen Europas an. Am 20. Oktober wird der Begründer der modernen Statistik Gottfried Achenwall in Elbing geboren (gest. 1772 in Göttingen). Am 31. Dezember stirbt in Greenwich der englische Astronom John Flamsteed (geb. 1646).

1720 Am 4. Januar wird der deutsche Musiker, Komponist und Musikschriftsteller Johann Friedrich Agricola geboren (gest. 1774 in Berlin). Am 11. Mai erblickt der „Lügenbaron" Karl Friedrich Hieronymus Freiherr zu Münchhausen in Bodenwerder das Licht der Welt (gest. 1797 ebd.). Die „Southsea Bubble" (siehe 1719), eine große Spekulationswelle aus Geldmitteln des Adels und der Oberschicht auf Wertpapiere der Southsea Company, beginnt am 18. August zu platzen. Die Wirtschaft Europas erleidet daraufhin eine schwere Rezession.

1721 Am 30. Januar wird in Venedig der Maler Bernado Bellotto alias Canaletto geboren (gest. 1780 in Warschau). Johann Sebastian Bach vollendet seine Brandenburgischen Konzerte. Mit dem Frieden von Nystad endet am 10. September der große Nordische Krieg zwischen Russland und Schweden. Am 2. November wird in Sankt Petersburg Peter der Große zum Kaiser des Russischen Reiches proklamiert. Infolge der Rezession büßt F.G. Händels in diesem Jahr eine größere Menge Geldes ein. Der größte Teil seines inzwischen beachtlichen Gesamtvermögens kann diese Wirtschaftskrise jedoch weitgehend unbeschadet überstehen.

1722 In Mitteleuropa verschwindet die Pest. Am Ostersonntag, den 5. April bekommt der niederländische Admiral Jacob Roggeveen als erster Europäer im Pazifik die Osterinsel zu Gesicht. Am 25. Oktober wird der zwölfjährige Ludwig XV zum König von Frankreich gesalbt. Der chinesische Kaiser Kangxi verstirbt am 20. Dezember (geb. 1654).

1723 Ende Mai tritt Johann Sebastian Bach eine Stelle als Thomaskantor in Leipzig an. Der schottische Ökonom und Philosoph Adam Smith wird am 5. Juni geboren (gest. 1790). Desgleichen am 8. November der englische Südseeforscher John Byron (gest. 1786), Großvater von George Gordon Byron, der als Lord Byron zu Ruhm gelangen sollte.

1724 Peter der Große macht Katharina I am 7. Mai zur Zarin. Am 22. April wird der Philosoph Immanuel Kant in Königsberg geboren (gest. 1804 ebd.). Persien, Russland und das Osmanische Reich unterzeichnen am 23. Juni den Vertrag von Konstantinopel. Am 24. September nimmt die Pariser Börse ihren Geschäftsbetrieb auf. Am 24. Dezember reist Benjamin Franklin nach England.

1725 Der 52 jährige Russische Zar Peter der Große stirbt am 8. Februar an einer Leberatropie, die er sich bei der Rettung havarierter Matrosen aus dem eiskalten Wasser des Lachta-Sees zugezogen hatte. Am 2. April wird in Venedig Giacomo Casanova geboren (gest. 1798 in Dux). Entdeckung der Aberration des Lichts, welche von der Bewegung der Erde um die Sonne hervorgerufen wird, durch den Astronomen James Bradley. Veröffentlichung von Antonio Vivaldis Werk „Die Vier Jahreszeiten".

1726 Der französische Philosoph Voltaire geht für drei Jahre nach England. Jonathan Swift veröffentlicht seinen Roman Gullivers Reisen. Zum ersten Mal taucht in Urkunden eine Erwähnung des Klimaphänomens

„El Nino" auf. In Dresden wird der Grundstein zur Frauenkirche gelegt. Am 24. Dezember gründen Portugiesen die Stadt Montevideo.

1727 Am 31. März stirbt der Naturwissenschaftler Sir Isaac Newton (geb. 1643). Nach dem Tod von Georg I folgt am 11. Juni dessen Sohn Georg II auf den britischen Thron. G.F. Händel erhält die englische Staatsbürgerschaft. Mit den königlichen Renten, seinen Beteiligungen am Verkauf von Eintrittskarten und Noten sowie Erträgnissen aus seinen Finanzanlagen bezieht G.F. Händel ein jährliches Einkommen von umgerechnet etwa einer Million Euro.

1728 G.F. Händel reist nach Italien, um Sänger für ein neues Projekt mit dem Impresario Johann Jacob Heidegger zu gewinnen. Tod des Aufklärers, Juristen, Hochschullehrers, Kämpfers gegen Orthodoxie und Hexenprozesse Christian Thomasius aus Halle am 23. September (geb. 1655). Am 24. September wird „The Quaker's Opera" von Henry Carey in London uraufgeführt. Geburt des britischen Seefahres James Cook am 27. Oktober in Marton, Middlesbrough (gest. 1779).

1729 Am 22. Januar kommt der deutsche Philosoph und Dichter Gotthold Ephraim Lessing zur Welt (gest. 1781). Am 2. Mai wird in Stettin die Prinzessin Sophie Auguste Friederike von Anhalt-Zerpst-Dornburg geboren. Die spätere Herzogin von Holstein-Gottdorf wird am 12. September 1762 als Katharina II („die Große") zur Zarin von Russland gekrönt. Sie lebt bis 1796. Der Physiker Stephen Gray installiert am 14. Juli die erste elektrische Freileitung. G.F. Händel besucht aus Italien kommend seine Familie in Halle und macht vor seiner Rückkehr nach London noch Visiten in Hannover und Hamburg. Alexander Pope veröffentlicht sein Werk Dunciad / Dunciade.

1730 Sir William Strickland, 4th Baronet, wird am 15. Mai zum englischen Kriegsminister ernannt. Mahmud I folgt Ahmed III auf den Thron des Osmanischen Reiches. Am 26. Juli wird der französische Astronom Charles Messier geboren. Am 27. Dezember stirbt GF. Händels Mutter in Halle.

1731 Am 26. April scheidet der englische Schriftsteller Daniel Defoe aus dem Leben (geb. 1660). Der englische Chemiker Henry Cavendish, Entdecker von Wasserstoff und Kohldendioxyd, wird am 10. Oktober geboren (gest. 1810). Am 31. Oktober beginnt mit dem Erlass des Salzburger Emigrationsedikt durch Erzbischof Firmian die Vertreibung der Protestanten aus dem Erzbistum Salzburg.

1732 Am 22. Februar wird der amerikanische Staatsmann George Washington geboren (gest. 1799). Der Komponist und führende Vertreter der Wiener Klassik (Franz) Joseph Haydn kommt am 31. März in Rohrau, Österreich zur Welt (gest. 1809 in Wien). Georg Brandt entdeckt das Kobalt. In London öffnet am 7. Dezember das vom Architekten Edward Shepherd entworfene Schauspiel- und Opernhaus Covent Garden Theatre (Theatre Royal) seine Pforten. Es gehört bald zu den renommiertesten Spielstätten Europas. Nach Bränden zwei Mal neu errichtet, firmiert es seit 1892 als Royal Opera House und ist immer noch in Betrieb.

1733 Das britische Parlament verabschiedet im März den Molasses Act, eine hohe Besteuerung auf Melasse, wodurch die Ressentiments der englischen Kolonisten in Amerika gegenüber dem Mutterland geschürt werden. Am 12. September wird George Read geboren, späterer Anwalt und einer der Erstunterzeichner der amerikanischen Unabhängigkeitserklärung (gest. 1798). Im Dezember startet im Lincoln's Inn Fields Theater die Opera of The Nobility, die sich mit Händels Ensemble einen erbitterten und beinah ruinösen Konkurrenzkampf liefert.

1734 Im Londoner Kaffeehaus von Edward Lloyd, einem Treffpunkt maritimer Handelsmanager und Reeder, wird die Zeitung „Lloyd's List" aus der Taufe gehoben, die bis heute aktuelle Informationen über den britischen Seehandel liefert. Am 13. Mai stirbt der britische Maler James Thornhill (geb. 1675). Der britische Aufklärer und Mitbegründer der Luna Society William Small wird am 13. Oktober geboren (gest. 1775) . Am 28. Dezember stirbt der schottische Volksheld und Nationalist Robert Roy MacGregor alias Rob Roy (geb. 1671).

1735 Downing Street No. 10 in London wird Amtssitz des britischen Premierministers. Erster Hausherr ist Sir Robert Walpole. Abraham Darby schmilzt zum ersten Mal Eisenherz in einem Koks-Hochofen, eine wichtige Voraussetzung für die sich anbahnende industrielle Revolution. In Preußen wird die Residenzpflicht eingeführt. Am 5. September kommt der Komponist Johann Christian Bach zur Welt (gest. 1782).

1736 Am 19. Januar wird der britische Erfinder James Watt geboren (gest. 1819). Nadir Schah Afsahr alias Nadir Qoli Beg alias Tahmäsp Qoli Khän macht sich am 8. März zum Schah von Persien und begründet damit die Dynastie der Afschariden. Am 16. März stirbt der italienische Komponist Battista Pergolesi (geb. 1710) an Tuberkulose. Leonhard Euler formuliert in seiner „Machanica sive motus scienta" die Bewegungslehre des starren Körpers.

1737 Am 29. Januar wird im englischen Thetford der spätere Freidenker, Humanist, Publizist und Kritiker der Sklaverei Thomas Paine in bescheidenen Verhältnissen geboren. Seine 1776 veröffentlichte Streitschrift „Common Sense" war Grundlage für die Unabhängigkeitserklärung der Vereinigten Staaten von Amerika, deren Name von ihm vorgeschlagen wurde. Er gehört damit zu den Gründervätern der USA und verstarb 1809 in New York. Der Astronom John Bevis beobachtet am 28. Mai im Royal Greenwich Observatory die Passage der Venus vor dem Merkur. Mit dem Erlass des Theatrical Licensing Act werden am 21. Juni in England alle Theateraufführungen der Zensur unterworfen. Am 18. Dezember stirbt der italienische Geigenbaumeister Antonio Stradivari (geb. ca. 1644). In Irland kommt die älteste englischsprachige Tageszeitung der Welt, The (Belfast) News Letter, auf den Markt.

1738 Am 25. März stirbt der irische Komponist und Harfenist Turlough O'Carolan (geb. 1670). Am 4. Juni wird Georg III geboren, später König von Groß Britannien und Hannover (gest. 1820). In Vauxhall Gardens wird zu Ehren G.F. Händels ein Denkmal errichtet.

1739 Der italienische Barockkomopnist Benedetto Marcello (geb. 1686) stirbt am 24. Juli. Am 9. September eskalieren die Verhältnisse bei Charleston in South Carolina zum Stono-Aufstand, der größten Sklavenrebellion in der nordamerikanischen Kolonialgeschichte.

1740 Friedrich der Große wird König von Preußen. Am 3. Juni verbietet er die Folter; ausgenommen bei Anklagen des Hoch- und Landesverrats sowie Mord. In Stockhom wird am 15. Februar der schwedische Nationaldichter und Komponist Carl Michael Bellman geboren (gest. 1795 ebd.). Am 2. Juni kommt der französische Schriftsteller Marquis de Sade zur Welt (gest. 1814). Am 1. August wird zum ersten Mal das Lied „Rule Britannia" auf dem Landsitz des Prince of Wales, Friedrich Wilhelm von Hannover, aufgeführt. In Reinfeld / Holstein wird am 15. August der spätere Journalist und Dichter Matthias Claudius alias Asmus geboren (gest. 1815 in Hamburg). Der französische Flugpionier Joseph Michel Montgolfier wird am 26. August geboren (gest. 1810).

1741 Am 27. Mai spielt in Wien zum ersten Mal in der europäischen (Militär-) Geschichte eine Musikkapelle zu einer Militärparade auf. In Ochtsk bricht am 5. Juni Vitus Bering zur zweiten Kamtschatka-Expedition auf, um die Küsten Nordamerikas zu erforschen, und entdeckt dabei Alaska. Am 28. Juli stirbt der italienische Komponist Antonio Vivaldi (geb. 1678). Vitus Bering stirbt am 19. Dezember (geb. 1680).

1742 Tod des englischen Astronomen Edmond Halley (geb. 1656). Am 24. Januar tritt Spencer Compton, Earl of Wilmington, sein Amt als britischer Premierminister an. Anders Celsius entwickelt seine Celsius Skala zur Bestimmung von Temperaturen. G.F. Händel bringt in Dublin sein Oratorium Messia im Rahmen einer Benefizveranstaltung zu Gunsten von Strafgefangenen und Armenhospitälern zur Uraufführung. In Dublin lernt er außerdem den Schriftsteller Jonathan Swift persönlich kennen.

1743 Am 19. Februar wird der italienische Komponist und Cellist Luigi Boccerini (gest. 1805) geboren. Baubeginn der späteren Deutschen Staatsoper zu Berlin. In Teilen von Sizilien wütet eine Pestepedemie. Am 8. Juni kommt der Hochstapler und Alchemist Alessandro Cagliostro (gest. 1795) zur Welt.

1744 Am 11. März findet zum ersten Mal eine Versteigerung im Londoner Auktionshaus Sotheby's statt. Der schwedische Physiker Anders Celsius stirbt am 6. Mai (geb. 1701). Der britische Schriftsteller Alexander Pope stirbt am 30. Mai (geb. 1688). Mit dem Einmarsch preußischen Militärs in Böhmen beginnt am 16. August der zweite schlesische Krieg gegen Österreich.

1745 Am 6. Januar wird der Flugpionier Jacques Étienne Montgolfier geboren (gest. 1799). Am 9. Mai stirbt der italienische Komponist und Geiger Tommaso Antonio Vitali (geb. 1663). Beim zweiten Aufstand der Jacobiter schlagen diese unter Führung von Charles Edward Stuart, alias Bonnie Prince Charlie, in der Schlacht bei Prestopands die Truppen der Regierung unter dem Befehl von General Sir John Cope und erringen zeitweilig die Kontrolle über ganz Schottland. Am 19. Oktober stirbt der anglo-irische Schriftsteller Jonathan Swift (geb. 1667). Die von dem Mathematiker Lorenz Christoph Mizler gegründete „Correspondierende Societät der musicalischen Wissenschaften" macht G.F. Händel zu ihrem Ehrenmitglied.

1746 Geburt des Schweizer Pädagogen Johann Heinrich Pestalozzi am 12. Januar (gest. 1827). Die Anhänger der Stuarts unterliegen beim zweiten Aufstand der Jacobiter am 17. Januar in der Schlacht von Culloden den Truppen Georgs II. Der spanische Maler Francisco Goya erblickt am 30. März in Fuendetodos, Aragón, das Licht der Welt (gest. 1828). Am 3. Mai entdeckt Charles Messier im Sternbild Jagdhunde den Kugelsternhaufen Messier 3. Den Schotten wird mit Verordnung vom 1. August das Tragen ihrer Nationaltracht Highland Dress mit Kilt und Tartan verboten.

1747 Johann Sebastian Bach komponiert das „Musikalische Opfer". Am 9. Juli stirbt der italienische Komponist und Musiker Battista Bononcini (geb. 1670). Ahmad Shah Durrani gründet den ersten souveränen Staat in der Geschichte Afghanistans. Am 31. Oktober wird der deutsche „Sturm-und-Drang" Dichter Johann Karl Wezel geboren (gest. 1819). Der deutsche Chemiker Andreas Sigismund Marggraf stellt den hohen Zuckergehalt der Runkelrübe fest. Aufgrund dieser Entdeckung wird er 1760 zum Direktor der physikalisch-mathematischen Abteilung der Königlichen Akademie der Wissenschaften zu Berlin berufen.

1748 Erscheinen von Montesquieus „De l'esprit des lois" (Vom Geist der Gesetze). In Pompeji beginnen erste Grabungen unter der Leitung von Rocque Joaquín de Alubierre. Der deutsche Komponist und Kirchenmusiker Georg Michael Telemann, Enkel von Georg Philipp Telemann, wird am 20. April geboren (gest. 1831). Leonard Euler entdeckt die Eulersche Idendität (Relation zwischen Eulischer und Ludolfischer Zahl). Am 16. August stirbt der italienische Komponist Pier Giuseppe Sandoni (geb. 1685).

1749 Einschlag des Meteoriten Krasnojarsk. Johann Wolfgang von Goethe kommt am 28. August in Frankfurt am Main zur Welt (gest. 1832). Am 19. September wird der italienische Komponist Antonio Bonporti zu Grabe getragen(geb. 1672). Uraufführung von G.F. Händels Feuerwerksmusik.

1750 Tod des Komponisten Johann Sebastian Bach am 28. Juli (geb. 1685). England wird von einer ganzen Reihe heftiger Erdbeben heimgesucht. So am 4. April bei Warrington, am 23. August in Spalding, Lincolnshire und am 30. September in Northampton. G.F. Händel besucht Anfang August zum letzten Mal seine Geburtsstadt Halle. Am 16. November wird die Westminster Bridge in London eingeweiht. In diesem Jahr produziert England erst ca. zwei Prozent der weltweiten Industriegüter. Aber die ersten Anzeichen vom Beginn der Industriellen Revolution sind unübersehbar.

1751 John Hill verfasst am 11. März die weltweit erste Kolummne unter seinem Pseudonym „The Inspector" in der Zeitung „London Adviser and Litarary Gazette". Nach einem der letzten Hexenprozesse in Europa wird am 24. April die Anna Truft in Erdingen am Kaiserstuhl auf dem Scheiterhaufen verbrannt. Am 11. September kommt es Hamburg zu einer schweren Sturmflut, die eine erhebliche Zahl von Opfern fordert. Der schwedische Chemiker Axel Frederic Cronstedt entdeckt das Element Nickel. Das Hinterladergewehr wird erfunden. Adam Smith wird zum Professor of Logic an die Universität Glasgow berufen. Bei G.F. Händel machen sich erste Verschlechterungen seines Augenlichts bemerkbar.

1752 England führt offiziell den Gregorianischen Kalender ein. Der deutsche Verleger Joachim Göschen wird am 22. April geboren (gest. 1828). Benjamin Franklin testet eine erste Form des Blitzableiters. G.F. Händel verliert seine Seekraft. Gleichwohl arbeitet er weiter an Aufführungen seiner Oratorien und an neuen sowie der Verfeinerung alter Kompositionen.

1753 Erlass des Jewish Naturalization Act zur Eingliederung der Juden durch die englische Regierung unter Premierminister Henry Pelham. Die Aufführung von Rousseaus Oper „Le Devin du village" in Paris begründet die Opéra Comique. In Frankreich eskaliert die soziale Situation zu spontanen Hungerrevolten der unteren Schichten. Mit Balthasar Neumann stirbt am 19. August einer der prominentesten und einflussreichsten Baumeister des Barock. (geb. 1687).

1754 Henry Pelham stirbt am 6. März (geb. 1694). In Indien siegen die Engländer im 1751 begonnenen zweiten Karnataka-Krieg über die Franzosen und festigen damit ihren militärischen, politischen und natürlich wirtschaftlichen Einfluss in diesem Teil der Welt. Am 8. Oktober stirbt der englische Dramatiker, Autor, Journalist und Jurist Henry Fielding (geb. 1707).

1755 Immanuel Kant verfasst seine „Allgemeine Naturgeschichte und Theorie des Himmels". Johann Joachim Winckelmann veröffentlicht sein Werk „Gedanken über die Nachahmung der Griechischen Werke in der Malerei und Bildhauerkunst". Am 10. Februar stirbt der französische Schriftsteller und Staatsphilosoph Charles de Secondat, Baron de Montesquieu (geb. 1689). Rousseau veröffentlicht seine Abhandlung „über den Ursprung und die Grundlagen der Ungleichheit unter den Menschen". Am 31. Oktober gelingt Casanova die Flucht aus den Bleikammern des Dogenpalasts in Venedig. Am 1. November wird Lissabon von einem gewaltigen Erdbeben zerstört.

1756 Am 16. Januar kommt mit der Konvention von Westminster ein Garantievertrag zwischen Groß Britannien unter Georg II und Preußen unter Friedrich II zustande. Am 27. Januar wird in Salzburg Wolfgang Amadeus Mozart geboren (gest. 1791). Der König von Preußen ordnet den Anbau von Kartoffeln in Pommern und Schlesien an und setzt damit einen nachhaltigen Wandel der Agrarproduktion in Gang.

1757 Beginn des siebenjährigen Krieges zwischen Preußen und der Alianz von Österreich, Russland und Frankreich. Mit dem Sieg der Truppen der East India Company über das Heer von Bengalen am 23. Januar beginnt die britische Herrschaft über Indien. Am 23. Juli stirbt der italienische Komponist Domenico Scarlatti (geb. 1685). Der Vatikan erkennt offiziell das von Nikolaus Coppernicus alias Kopernikus alias Kopernigk (1473 - 1543) postulierte heliozentrische Weltsystem an, wonach die Erde um die Sonne kreist.

1758 Am 6. Mai wird der spätere französische Revolutionär Maximillien de Robespierre geboren (gest. 1794). Geburt des britischen Admirals Horatio Nelson am 29. September (gest. 1805). Ende Dezember entdeckt Johann Georg Palitsch den von Edmond Halley einst vorhergesagten Kometen.

1759 Mit einem feierlichen Festakt wird am 15. Januar das British Museum eingeweiht. Am 25. Januar kommt der schottische Nationalschriftsteller Robert Burns zur Welt (gest. 1796). Am Karsamstag, den 14. April stirbt G.F. Händel in seinem Haus Brook Street Nr. 57 in London, seine Beisetzung findet am 20. April in der Westminster Abbey statt. Etwa dreitausend Menschen nehmen daran teil. G.F. Händel hinterlässt ein beträchtliches Vermögen. Universalerbin ist seine Nichte Johanna Friderica. Am 26. Oktober wird der französische Revolutionär Georges Danton geboren (gest. 1794). Britische Truppen nehmen Quebec ein, Groß Britannien siegt über die Franzosen in Nord Amerika. Am 10. November wird Friedrich Schiller in Marbach am Neckar geboren (gest. 1805).

Die Autoren

Der Engländer **John Mainwaring** wurde 1735 geboren und hat bis zum Jahr 1807 gelebt. Er studierte Theologie am St. John's College in Cambridge, arbeitete als Pfarrer für die Kirchengemeinde in Stretton, Shropshire, und wurde später zum Professor für Theologie an die Universität Cambridge berufen. Seine Händel-Biographie ist ein Jahr nach dessen Tod 1760 unter dem Titel „Memoirs of the Life of the Late George Frederic Handel" in London veröffentlicht worden. Er war mit Händel persönlich bekannt. Einige Quellen besagen, dass Händel ihn mit Informationen aus erster Hand speziell über seinen Werdegang vor der Übersiedlung nach London versorgt haben soll. Mainwarings Werk gilt als die erste klassische Musiker-Biographie in der europäischen Musikgeschichte.

Auch unser Übersetzer **Johann Mattheson** kannte seinen Händel gut. Zum ersten Mal sind sich beide 1703 in Hamburg kurz nach Händels Zuzug aus Halle begegnet. Ihre damals geschlossene Freundschaft hielt ein Leben lang. Wer sonst hätte John Mainwarings Schrift über Händel so kundig und kongenial ins Deutsche zu übertragen vermocht und mit spitzer Feder ins rechte Licht können, wie eben dieser Zeitgenosse aus guten, alten Tagen in Hamburg? Obwohl oder gerade weil das freundschaftliche Verhältnis zwischen den beiden Musikgenies nicht ohne Spannungen geblieben ist und von ersthaften Misshelligkeiten getrübt wurde. So kam es kurz nach der Rückkehr von ihrer kurios gescheiterten Bewerbung um die Nachfolge des Lübecker Organisten Dietrich Buxtehude (siehe Kapitel „Zeitgeschehen" 1704) zu einem erbitterten Streit, in dessen Verlauf sie den Verstand verloren und ihre Meinungsverschiedenheit zu einem handfesten Duell mit dem Degen eskalierten. Welches sie zu ihrem Glück ob mangelnden Talents zu solcherart Gewalttätigkeiten unbeschadet überstanden und beide sich, zum guten Ende wieder zur Vernunft gekommen, auf eine gütliche Versöhnung besannen. Gleichwohl hat der Vorfall in Johann Mathesons Gemüt doch Narben hinterlassen, denn er fühlte sich offenbar Zeit seines Lebens von Händel nicht richtig für voll genommen. Obwohl sie sich in viellerlei Hinsicht sehr ähnlich waren.

Denn wie Händel hatte auch der am 28. September 1681 in Hamburg geborene Mattheson das Glück einer nachhaltigen Förderung seiner früh offenbaren musischen Begabungen und Ambitionen. Neben dem Gesang erstreckte sich seine Ausbildung auch auf Musikinstrumente wie Orgel, Cembalo und Violine, später kamen noch Laute, Gambe, Flöte und Oboe hinzu. Bereits im zarten Alter von neun Jahren erregte er mit seinen Gesangskünsten Aufsehen, sich selbst mit der Harfe begleitend. Im Jahre 1699 komponierte er seine erste Oper, die er auch sogleich in Eigenregie inszenierte und bei den Aufführungen auch noch die Hauptrolle sang. Insgesamt hat er acht eigene Opern geschrieben, viele andere (auch von Händel) bearbeitet, zahlreiche Oratorien und Kammermusiken sowie Orchesterwerke komponiert. Und dabei all die Jahre einen regen Austausch mit Händel gepflegt, der sich seinerseits um die Verbreitung von Matthesons Werken in England bemühte. Ab 1704 bekleidete er den Posten eines Hofmeisters und Sekretärs des englischen Gesandten, welcher ihm bis ins hohe Alter ein gutes Auskommen sicherte. Von 1715 bis 1728 arbeitete er außerdem als musikalischer Direktor des Hamburger Doms.

Im Unterschied zu Händel hat sich Johann Mattheson aber auch als Musikpublizist und Übersetzer einen guten Namen gemacht. Die erste Musikzeitschrift Deutschlands überhaupt wurde von ihm 1728 unter dem Titel „Der Musicalische Patriot" herausgegeben. Außerdem verfasste er einige bedeutende musiktheoretische Werke, wie z.B. 1731 seine „Generalbaßschule", 1737 sein Buch „Kern melodischer Wissenschaft, bestehend in den auserlesensten Haupt- und Grundlehren der musicalischen Setzkunst oder Composition" oder 1739 sein Standardwerk „Der Vollkommene Capellmeister". 1740 veröffentlichte er seine berühmte

„Grundlage Einer Ehren-Pforte" mit 149 Biographien zeitgenössischer Musiker. Nicht zu vergessen seine Übersetzungen von musikalischen Fachtexten und Belletristik aus dem Lateinischen, Italienischen, Französischen sowie der englischen Sprache, wie eben auch Mainwarings Texte über Händel und dessen Musik. Johann Mattheson ist am 17. April 1764 in Hamburg verstorben und dort in der Gruft der St. Michaelis Kirche beigesetzt worden.

Das Editorial

John Mainwarings Händel-Biographie erschien erstmals 1760 in London unter dem Originaltitel „Memoirs of the Life of the Late Frederic Handel". Kurz darauf veröffentlichte Johann Mattheson im Jahre 1761 seine deutsche Übersetzung in Hamburg unter dem Titel „Georg Friderick Händels Lebensbeschreibung". Sie wurde in Wortwahl, Orthographie und Interpunktion für diese Ausgabe geringfügig überarbeitet, um ihre Lesbarkeit zu erleichtern und den Text dem modernen Hochdeutsch anzunähern, ohne seinen Charakter zu beeinträchtigen oder gar zu verfälschen.

Johann Mattheson versah seine Fassung mit zahlreichen Fußnoten, die John Mainwarings Darstellungen teils korrigieren, teils aber auch kritisch, gelegentlich ironisch oder gar richtig bissig kommentieren und eine eigene Sicht der Dinge zum Besten geben. Für die vorliegende Ausgabe wurden alle Anmerkungen in den Fließtext gerückt, sowohl um ihren Stellenwert zu betonen und sie angemessen zu integrieren als auch die Eigenständigkeit von Matthesons Werk gegenüber der englischen Vorlage zu unterstreichen.

Leben und Musik sind bekanntlich ebenso dicht wie komplex mit ihrer Zeit verwoben. Der Schlüssel zu einem besseren Verständnis von Autor und Übersetzer wie auch zu einem guten Gefühl für Georg Friedrich Händel und dessen Lebensleistung liegt im damaligen Zeitgeschehen. Ein zusätzliches Kapitel mit Schlagworten zu Ereignissen aus der Zeit Händels kann naturgemäß nicht vollständig sein, aber dennoch zur weiteren Vertiefung anregen. Die politischen, sozialen, wirtschaftlichen und kulturellen Verhältnisse dieser Periode sind allemal eine genauere Betrachtung wert. Gleiches gilt für die materiellen Grundlagen und

Strukturen des Musikschaffens im damaligen Europa. Die Epoche des Absolutismus war alles andere als statisch und trug längst das Potenzial der sich abzeichnenden Moderne in sich. Nicht zuletzt auch auf musikalischem Gebiet. In den Jahresaufstellungen sind vornehmlich Sachverhalte aufgeführt, von denen man sicher sein oder zumindest annehmen kann, dass sie auch Händel gewärtig waren oder ihn direkt betrafen. Und weil Geschichte in vielerlei Hinsicht ein Menschenwerk ist, gehören selbstredend auch Daten und Angaben zu Personen der Zeitgeschichte dazu.

Die Illustrationen in dieser Ausgabe wurden mit Bleistift, Feder und Tusche nach historischen Vorlagen erstellt.

Weitere Informationen zu diesem Buch mit diskographischen und bibliographischen Empfehlungen, einem Verzeichnis aller händelschen Werke sowie einer Liste aktueller Webadressen, die G.F. Händel, Barock und das Zeitalter des Absolutismus thematisieren, finden sich im Internet über die URL

http://www.heupferd-musik.de/mainwaring_haendel.html

Dort haben geneigte Leser auch die Möglichkeit, Rückmeldungen, kritische Stellungnahmen und Anregungen abzugeben oder (elektronische) Leserbriefe an Verlag und Herausgeber zu senden. Solche Resonanzen machen Sinn, werden gern gelesen und auf Wunsch auch auf der Webseite zu dieser Ausgabe publiziert. So schließt sich der Kreis.

Der Herausgeber

Das Klingt Gut!
Musik der Welt im Netz

Acoustic Music | Derroll Adams | Alla Turca | Anti-Hits
Balladen | Bastardmusik | Barden | Beatles 1968
Böhmische Harfe | Bordun | Pit Budde | Robert Burns
Guy Carawan | Cochise | Tom Daun | Ethnobeats
Flamenco | Folkaffairs | Folk Friends | Folkjazz
Folkmusic | Folkrock | Folksong | Dick Gaughan
Mike Hanrahan | Harfenflocken | Harfissimo | Havana
Hobomusic | Bobby Holcomb | Annie Humphrey
Hurdy Gurdy | Indian Summer Sounds | Andy Irvine
Jams | Jazz | Wizz Jones | Klassikfolk | Kurt Klose
Jorge La Guardia | Lady's Voice | La Rotta | Latinpop
Latinjazz | Latinrap | Andreas Lieberg | Lovesongs
Denise M'Baye | Magic Irish Music | Magic Southsea
Migration & Musik | Native American Music | Noten
Protestsong | Rüdiger Oppermann | Marc Robine
Rootsmusic | Samba | Salsa | Son | Songbooks
Song Bücherei | Songwriter | Andy M. Stewart
Wolfgang Stute | Summit | Tierra | Trio Grande
Can Tufan | Jake Walton | Worldmusic

www.heupferd-musik.de

www.ingramcontent.com/pod-product-compliance
Lightning Source LLC
Chambersburg PA
CBHW031634160426
43196CB00006B/417